공부 잘하는 10대보다
말 잘하는 10대가 성공한다!

공부 잘하는 10대보다 말 잘하는 10대가 성공한다!

살림Friends

글로벌 시대에는 공부를 잘하는 것보다 더 중요한 것이 있습니다. 바로 말을 잘하는 것입니다. 앞으로 통과해야 할 여러 중요한 시험에서는 물론이고, 학원이나 집에서도 말을 잘해야만 자신의 능력을 제대로 인정받을 수 있습니다. 프레젠테이션과 보고가 일상인 사회생활에서 말하기가 중요한 것은 더 말할 것도 없습니다.

이 책은 효과적으로 말하기 실력을 기를 수 있도록 안내할 것입니다. 그런데 그 전에 반드시 체크해야 할 것이 있습니다. 바로 이 책을 읽기 전인 현재, 나 자신의 말하기 실력입니다.

나는 말을 정말 잘한다며 으스대는데 친구들은 그렇게 생각하지 않을 수 있습니다. 그렇게 자만하다 보면 잘못된 말하기 습관을 깨닫고 고칠 수가 없죠. 공부를 할 때도 자기가 잘하는 과목이 무언지, 못하는 과목이 무언지를 정확히 알아야 효과적으로 보충할 수 있듯이, 말하기 실력도 정확한 측정을 통해 현재 수준을 확인해야 제대로 고쳐나갈 수가 있습니다.

다음 10가지 항목은 여러분의 말하기 실력을 확인하기 위한 것입니다. 각 항목마다 해당하는 번호를 고른 후에 자신의 점수를 매겨 보세요. 자 그럼, 시작합니다.

항목	❶ 늘 그렇다	❷ 그런 편이다	❸ 가끔 그렇다	❹ 그렇지 않은 편이다	❺ 전혀 그렇지 않다	점수
1. 불쑥 생각나는 대로 말하고 나서는 괜히 말했다며 후회한다.						
2. 억울하게 야단맞을 때조차 대꾸했다가 더 혼날까 봐 할 말을 참는다.						
3. 친구들과 할 이야기가 별로 없다. 말을 하기보다는 주로 듣는 편이다.						
4. 발표를 시킬까 봐 선생님과 눈을 마주치지 않으려고 노력한다.						
5. 물건을 살 때 주인이 내 말을 못 알아들어서 창피한 일이 생길까 봐 주저한다.						
6. 내 말을 듣던 사람들이 말을 다시 한 번 해 달라고 부탁하곤 한다.						
7. 골목에서 누가 길을 막고 있으면 비켜 달라고 말하는 대신 내가 비켜 간다.						
8. 낯선 사람과 대화를 나눌 때 가슴이 너무 두근거려서 그런 상황을 미리 피한다.						
9. 부모님에게 시시콜콜한 이야기까지 털어놓는 아이들이 부럽기도 하고 이해가 안 되기도 한다.						
10. 학교에서 친구들에게 '왕따'를 당하는 기분일 때가 있다.						
계						

❶=2점, ❷=4점, ❸=6점, ❹=8점, ❺=10점

모든 질문에 답을 하셨나요? 그러면 각 항목에 매긴 점수를 합해 보세요. 그리고 자신이 해당하는 점수의 내용을 확인하세요.

★ 40점 미만

미루지 말고 지금 당장 자기 생각과 기분을 표현하는 연습을 시작해야 해! 세상은 자기 생각을 제대로 표현하지 않는 사람을 두고 그저 신중하거나 겸손하다고 여기지 않아. 너를 오해하는 것은 물론이고, 네가 이룬 성과를 자기가 이룬 것인 듯 빼앗아 갈 수도 있어. 자기 생각을 표현하는 능력을 기르지 않으면 이처럼 열심히 노력하고도 제대로 인정받을 수가 없어. 그러니 지금 당장 이 책에서 소개하는 말하기 연습들을 시작하도록 해. 이 책을 반복해서 읽고 매일 한 가지씩 실전 연습을 해서 몸에 배도록 하면, 어느 순간부터 자기 생각을 당당하게 말하는 네 모습을 발견하게 될 거야. 네 생각과 기분을 표현하는 능력뿐만이 아니라 설득력과 자신감까지 높아지고, 성격이 활발해져서 친구도 많아질걸. 남들을 부러워하는 사람이 아니라 남들이 부러워하는 사람으로 거듭나도록 하자. 너는 할 수 있어!

★ 41~60점

생각과 감정을 표현하는 데 서툰 편이구나. 자기 표현을 잘하지 못하면 재능이 많은데도 불구하고 사람들에게 인정받지 못하거나 억울하게 야단을 맞을 수도 있어. 또 그런 일이 반복되면 자신감을 잃고 점점 더 할 말을 못하게 된단다. 언제나 당당해지고, 나아가 인생에서 성공하는 사람이 되고 싶다면 이 책의 내용을 아주 열심히 익혀야 해. 여러 번 꼼꼼히 읽고 상황별 자기 표현법을 꾸준히 훈련하도록 해. 그럼 점차 나를 제대로 표현하는 요령이 생기고 자신감도 부쩍 커질 거야. 자, 파이팅!

★ 61~80점

너는 비교적 자기표현을 할 줄 아는 편이야. 하지만 종종 말하지 않아야 할 때와 말을 해야 할 때를 헷갈리지 않니? 나서서 당당하게 말해야 할 때와 잠시 말을 멈춰야 할 때를 잘 구분하게 된다면 지금보다 훨씬 인정받을 수 있을 거야. 이 책에서 소개하는 말 잘하는 방법들을 정독하고, 배운 내용을 실제 발표나 토론 시간 때마다 응용한다면 너도 곧 인기도 많고 설득도 잘하는 사람이 될 거야. 어때, 그럼 정말 신나겠지?

★ 81점 이상

와, 거의 말짱 수준이구나. 성격도 활발하고 자신만만하며 주변에 친구도 많은 편이지? 그런데 한 가지 주의해야 할 게 있어. 안 나서야 하는 상황에서도 참지 못하고 나섰다가 잘난 척한다는 말을 들은 적이 있는지 생각해 봐. 네가 알지 못하는 이유로 친구들이 네게서 등을 돌린 적이 있다면, 너는 상대편 기분이 상하지 않도록 겸손하게 말하는 법을 배울 필요가 있는 거야. 그런 적이 있었더라도 너무 걱정하지는 마. 이제 이 책을 처음부터 끝까지, 특히 겸손하게 말하는 방법을 소개하는 부분을 꼼꼼히 읽으면서 꾸준히 연습한다면 머지않아 사이가 나빠졌던 친구와도 화해할 수 있을 거야. 그뿐만이 아니야. 친구도 더 많아지고, 학교생활이 즐거워지면서 자연스레 공부도 더 잘하게 될 거야.

말하기 실력이 자라면
꿈과 비전도 함께 자랍니다

　직장과 사회가 점차 말 잘하는 인재를 원하고, 학교 수업도 점차 발표 수업 중심으로 바뀌는 추세입니다. 대학 입학 시험에서 구술 면접 성적이 최대 변수가 된다는 뉴스도 나오고 있습니다. 이렇게 말하기 실력이 중요해지는 현상은 최근에 시작된 것 같지만, 미국이나 유럽 등 다른 선진국에서는 이미 오래전부터 학과 시험 대신 구술 면접 시험만으로 사람을 뽑을 정도로 말하기 실력을 중요하게 평가했습니다.

　말하기 실력의 중요함을 강조하는 것은 사실 새삼스럽습니다. 유재석, 강호동 등이 인기 최고의 연예인이 된 것을 한번 생각해 보세요. 그들이 인기를 차지한 비결은 외모 때문이 아니라 말 잘하는 능력 때문입니다. 이제는 외모가 뛰어나면 쉽게 인기를 끌 수 있던 시대는 지나갔습니다. 무엇보다도 말을 잘해야 능력을 인정받는 시대입니다.

우리나라에서도 이제 대학이나 직장에서 사람을 뽑을 때 면접이나 프레젠테이션이 결정적인 영향을 미칩니다. 아는 것이 아무리 많아도 표현을 못하면 실력 발휘를 제대로 할 수 없기 때문입니다. 그래서 자기 생각이나 기분을 제대로 표현하는 능력, 말을 잘하는 능력은 어디서나 중요합니다.

좋은 대학을 졸업하고 대기업에 원서를 넣어 서류 심사까지 통과한 한 젊은이가 있었습니다. 이제 면접 시험만 통과하면 꿈에 그리던 '신입 사원'이 될 수 있었죠. 면접 당일, 간신히 떨리는 마음을 가라앉히며 앉아 있는 젊은이에게 면접관이 물었습니다.

"왜 우리 회사에 지원했지요?"

젊은이는 자신이 면접 준비를 열심히 했다고 믿고 있었습니다. 그러나 이 간단한 질문에 그는 한참 동안 버벅거리다 얼굴이 홍당무가 되어 대답을 포기하고 말았습니다. 결과는 물론 낙방이었죠.

말하기 실력은 좋은 대학에 입학하고 좋은 직장에 취업하는 데만 필요한 것이 아닙니다. 친구를 사귀거나 부모님, 형제들과 잘 지내기 위해서도 필요합니다. 말을 잘하면 관계에서 생기는 오해를 없앨 수 있으며, 자신의 장점과 능력을 십분 발휘할 수 있습니다. 또한 긍정적인 자신감을 통해 사람들에게 좋은 에너지를 나눠 줄 수 있습니다. 그러다 보면, 같이 있으면 기분 좋아지는 사람, 늘 가까이 지내고 싶은 사람, 닮고 싶은 사람으로 인정받게 됩니다.

한편 말을 잘 못하면 많은 어려움이 생깁니다. 친구들과 어울릴 때마다 기분이 안 좋아지고, 부모님하고도 말을 하면 할수록 짜증이 나고, 선생님의 말도 귀찮게 여기게 됩니다. 말을 잘한다는 것은 말수가 많다거나 다른 사람들이 대들지 못하도록 공격적으로 말하는 것을 뜻하지 않습니다. 듣는 사람이 잘 알아듣게 말하는 것, 기분이 유쾌해지게 말하는 것을 말합니다. 그런 말하기 기술은 올바른 방법으로 꾸준히 연습을 해야 길러지는 것입니다.

나는 서양의 선진국들이 지금 우리보다 발전한 이유는 다름 아니라 오래전부터 말하기 교육을 중시했기 때문이라고 생각합니다. 그들은 3,000여 년 전부터 하나의 학문으로서 말하기를 배웠습니다. 특히 고대 그리스 철학자인 아리스토텔레스는 말하기 교과서인 『수사학』을 썼는데, 이 책은 이후 서양에서 전개된 다양한 학문의 기본이 되었습니다. 그래서 서양인들은 오랫동안 말하기를 모든 학문의 뿌리로 여기고 배워 왔습니다.

우리말보다 영어를 잘해야 국제 경쟁 시대에서 성공할 수 있다고 생각하는 독자가 있을지도 모르겠습니다. 그러나 우리말을 못하면 영어를 잘하기 힘듭니다. 일상생활에서 매일 듣고 말하는 우리말로도 자기 생각을 정리해서 말하지 못하는 실력이라면, 가끔씩 구사하는 영어로 생각을 정리해서 말하는 것은 더욱 불가능합니다. 그래서 영어를 잘하려면 무엇보다 우리말을 잘해야 합니다. 그리고 우리말을 잘하려면 과학적이고 체계적인 의사 표현 방법을 배워야 합니다.

우리는 이미 말을 할 줄 압니다. 때문에 꾸준히 관심을 기울이고 연습을 한다면 제대로 된 말하기를 익히는 일이 마냥 어렵지는 않습니다. 지금부터 누구나 할 수 있는 말하기 연습들을 소개할 것입니다. 의지를 가지고 하나씩 실천하다 보면 누구든지 말하기의 달인이 되는 방법을 찾을 수 있을 것입니다. 이 책이 글로벌 인재로 성장하는 데 효과적인 안내서가 되길 기원합니다.

이정숙

CONTENTS

PART
1

말하는 법이 바뀌면 인생이 달라진다

PART 2

귀가 아닌 가슴을 향해 말하라

PART 3

상대의 마음을 사로잡는 말하기의 핵심 기술

PART 01

말하는 법이 바뀌면
인생이 달라진다

지금 우리가 말하는 법을 배워야 하는 이유는, 말을 잘하면 어떤 어려운 상대든 설득할 수 있기 때문입니다. 듣는 사람이 쉽게 이해하도록 전달하는 능력 덕분에 작은 능력까지 크게 인정받을 수도 있습니다. 또한 우리가 가장 골치 아파하는 영어를 비롯한 외국어 실력을 효과적으로 향상시킬 수도 있죠. 반 이하의 노력으로도 배 이상의 효과를 거둘 수 있습니다.

01
왜 지금 말하는 법을 익혀야 하는가

대부분의 사람들이 말하기 실력은 그저 주변 사람과 대화를 하다 보면 저절로 는다고 생각합니다. 말을 잘하는 능력은 타고나는 것이라서 특별한 노력이 필요없다고 생각하기도 합니다. 그러나 말은 수다나 잡담으로는 늘지 않습니다. 테니스나 수영과 같은 스포츠를 배울 때와 마찬가지로 정확한 방법으로 배우고 익혀야 실력이 늘어납니다.

글로벌 시대를 맞아 국경의 개념이 희박해지면서 국가 간에 교류가 많아졌습니다. 그런데 서로 만나 주요 사안에 대해 대화를 나눌 때 용어 하나, 문장 하나를 잘못 써서 국제 분쟁이 일어나는 일이 적지 않습니다. 기업의 경우에는 해외 협력사와 계약을 할 때 표현을 잘못해서 엄청난 손해를 입습니다. 그런 까닭에 기업에서는 의사 전달을 정확하게 하는 사람, 말을 잘하는 사람을 원합니다.

우리는 지금 그 어느 때보다도 자유롭게 해외를 드나듭니다. 우리나라 안에서도 걷다 보면 많은 외국인을 마주치게 됩니다. 안방에 앉아서 미국 드라마를 골라 볼 수도 있고, 유튜브(youtube.com)에 들어가 전 세계인들의 움직임을 한눈에 볼 수도 있습니다.

글로벌 경쟁 시대에 사는 우리는 국내에서 일어나는 일뿐만 아니라 해외에서 일어나는 일도 바로 알아야 합니다. 다른 국가의 정치적·경제적 변화가 곧바로 우리나라에 영향을 미치기 때문입니다. 일례로 지난 2007년 미국에서 발생한 서브프라임 모기지(비우량 주택담보대출) 부실 사태로 우리나라는 물론 전 세계 금융시장의 주가가 폭락하는 등 몸살을 앓았습니다. 신종플루는 멕시코에서 시작했지만 이제는 전 세계 사람들이 목숨을 잃거나 전염의 공포를 느낍니다.

이때 상황에 재빠르게 대응하기 위해 필요한 가장 기본적인 수단이 언어입니다. 영어나 스페인어를 할 줄 안다면 보다 다양한 정보를 얻어 금융 위기나 신종플루에 대한 신속한 대책을 마련할 수 있겠죠. 아이에서 어른까지 영어 공부에 열을 올리는 것은 이 때문일 것입니다.

하지만 순서가 잘못되었습니다. 영어부터 잘하려다 보니 우리말 실력은 엉망이 되고 영어 실력도 안 느는 것입니다. 어떤 이들은 영어 실력이 늘지 않는 것을 우리나라 땅에 태어났기 때문이라 탓하며 조기유학을 가거나 어학연수를 떠납니다. 그들은 우리말 실력이 서툰 탓에 영어 실력이 늘지 않고 있다는 사실을 모르고 있는 것입니다. 무엇보다 자기나라 말을 제대로 할 줄 알아야 다른 나라 말도 잘하게 됩니다. 우리말을 잘해야 영어 실력도 느는 것입니다.

동대문 시장에서 장사하는 분들을 볼까요? 그곳에는 영어를 제대로 배운 적이 없는데도 외국 손님에게 물건을 파는 수완이 뛰어난 분들이 많습니다. 그들은 '칩 프라이스(cheap price)', '굿 프로덕트(good product)', '유어 사이즈(your size)' 같은 간단한 표현만으로도 얼마든지 대화가 가능하다는 것을 알고 있습니다. 표현하는 방법을 제대로 알면 우리말로든 외국어로든 내 생각을 상대방에게 정확하게 전달할 수 있습니다.

지금 우리가 말하는 법을 배워야 하는 이유는, 말을 길하면 어떤 어려운 상대라도 설득할 수 있기 때문입니다. 지식이 많고 적음은 상관없습니다. 듣는 사람이 쉽게 이해하도록 말하여 내 의견에 동의하도록 하는 것이 중요합니다. 이렇게 생각을 효과적이면서도 분명하게 전달할 수 있으면 나의 작은 능력까지도 빛을 보게 됩니다. 그리고 이는 우리가 골치 아파하는 외국어 실력을 향상시키는 데도 도움을 줍니다. 생각보다 적은 노력으로 기대했던 것보다 훨씬 큰 성과를 거둘 수 있는 것입니다.

인생의 가장 든든한 재산은 말하기 실력

말을 잘하는 사람들은 그렇지 못한 사람들과 어떤 점이 다를까요? 그들은 기분이 나쁘면 나쁘다, 좋으면 좋다고 솔직하게 표현합니다. 할 말을 참거나 속으로 불평하기보다는 상대의 기분이 상하지 않도록 요령껏 자신의 기분과 상태를 전달하여 갈등을 최소화시키는 것입니다. 이런 사람들은 친구들과 싸울 일이 없으니 인기가 많을 수밖에 없습니다.

또한 말을 표현하는 방법도 다르죠. 보통 사람들은 화가 나거나 약이 오르면 아무 말이나 뱉어 버립니다. 하지만 말을 잘하는 사람들은 같은 말이라도 듣는 사람이 기분이 상하지 않게 합니다. 세상에 기분 나쁜 소리를 듣고 싶어 하는 사람은 없습니다. '뚱뚱하다',

'못생겼다'는 말은 농담으로라도 듣고 싶지 않을 겁니다. 내가 듣기 싫은 말은 남도 싫은 법입니다.

말이란 자기 자신이 아니라 상대에게 하는 것입니다. 기분 나쁠 말을 섞어 가며 화를 낸다면 상대방은 그 말을 귀담아 듣지 않을 것입니다. 당연히 설득되지도 않습니다. 말 잘하는 사람은 그것을 압니다. 그래서 친구가 먼저 자신에게 듣기 싫은 말을 할 때조차도 대수롭지 않게 웃어넘길 줄 압니다. 화내 봤자 이미 뱉은 말은 사라지지 않기 때문입니다.

화를 내거나 자존심 싸움을 거는 사람보다 말실수를 웃어넘기는 사람이 한 수 위에 있습니다. 이 책을 읽는 동안 학교에서 인기가 많은 친구들이 어떻게 말하는지 살펴보기 바랍니다. 대부분 똑 부러지게 자기 생각을 표현하지만 상대가 기분 나쁘지 않도록 말을 할 것입니다. 그 친구들은 누가 불쑥 기분 나쁜 말을 할 때도 꼬투리 잡지 않고 웃어넘길 것입니다.

반면에 친구를 잘 사귀지 못하는 사람들은 대개 사소한 말에도 까칠하게 화를 내거나 기분 나쁜 것을 감추지 못하고 말꼬리를 잡아 화를 돋우는 경우가 많을 것입니다. 그리고도 자신의 반응 때문에 상대가 자기를 싫어한다는 사실조차 깨닫지 못합니다. 이런 일이 계속되다 보면 '내가 너무 뚱뚱해서', '내가 공부를 못해서', '우리 집

이 가난해서' 친구들이 자기를 싫어한다는 식으로 괜히 스스로를 괴롭힙니다. 자격지심이 생기면 자신감이 없어져서 친구들과 편안하게 말하기가 더욱 힘들어집니다. 그러다 보면 스스로 오해를 만들면서 자기 자신을 괴롭히기 쉽습니다.

인애라는 친구의 이야기를 들어볼까요? 인애는 친구들이 전부 자기를 싫어한다고 생각합니다. 자기가 너무 소심해서 말입니다. 인애가 원래 소심했던 것은 아닙니다. 자기 생각을 조리 있게 말하지 못할 뿐이었습니다.

한번은 인애가 무슨 말인가를 했는데 친구들이 아주 듣기 싫다는 표정을 지은 적이 있었습니다. 그때 인애가 크게 화를 냈었는데, 그러고 나서부터 친구들이 하나둘씩 사라지더니 결국 인애는 '왕따'가 되었습니다. 왕따가 되자 인애는 더욱 소심해졌습니다. 그러자 아주 작은 일에도 짜증을 낼 정도로 민감해지고 말투도 더욱 신경질적으로 변했습니다.

인애는 숫기는 없지만 똑똑하고 공부도 잘하는 편이었습니다. 그래서 자기가 못난 게 아니라 친구들이 유치한 것이라고 생각했습니다. 친구들을 모습을 보면서 속으로 유치하다고 생각하다 보니 어쩌다 말을 하게 되어도 거만한 말투였습니다. 친구들은 그런 인애를 점점 더 싫어하게 되었습니다.

인애는 신학기가 될 때마다 새로운 친구들과는 잘 지내보겠다고 결심했지만 이미 거만한 말투가 입에 배서 번번이 친구들의 호감을 얻을 수 없었습니다. 지레 친구들이 자기를 싫어할 거라는 생각이 들어서 존재감을 키울 수도 없었습니다. 이런 일이 되풀이되다 보니 인애는 벌써 3년째 친구를 사귀지 못했습니다.

인애가 다시 친구들을 사귀려면 가장 먼저 말하는 방법을 바꾸어야 합니다. 말이란 한번 습관이 되면 다시 고치기 힘듭니다. 한꺼번에 고치려고 서둘 것이 아니라 조금씩 바꾸어야 합니다. 처음에는 친구들이 좋아하는 선물을 건네 보는 것도 방법입니다.

처음에는 "이런 걸 왜 나한테 주지?"라며 쏘아붙일지도 모릅니다. 그럴 때는 같이 화내는 대신 "네가 좋아할 것 같아서."라고 부드럽게 말하면 친구도 호의를 거절하지 않고 받아들일 것입니다. 누구나 자신을 존중해 주면 호감이 생기는 법이니까요.

친구의 마음이 열리면, 자기 의견만 내세우기보다는 친구의 말을 열심히 들어주면서 가까워지면 됩니다. 괜히 해코지를 하거나 말을 걸어도 못 들은 척하는 친구도 있을 것입니다. 그럴 때일수록 화내지 말고 아무렇지 않은 척하는 것이 필요합니다. 스스로 그런 훈련을 하면 어디서나 유쾌하게 대화할 수 있을 것입니다.

잘생긴 연예인보다 말 잘하는 연예인이 뜨는 이유

TV 방송에서 토크쇼(talk show)는 가장 제작비를 안 들이고도 재미를 선사할 수 있는 프로그램이라고 합니다. 시청자들은 입담이 좋은 연예인이 자신이 겪은 이야기를 들려주면 쉽게 동감하면서 프로그램에 빠져듭니다. 인기가 높은 토크쇼는 방송국에 큰 수익을 가져다주는 효자 프로그램입니다.

말하기가 중요한 만큼 출연자들도 외모보다는 말솜씨를 우선으로 섭외합니다. 외모가 빼어나도 개인기 하나 없고 재미있는 이야기도 할 줄 모르면 토크쇼의 시청률은 금세 추락합니다. 출연자가 꿔다 놓은 보릿자루마냥 말없이 앉아만 있으면 보기 지루할 것입니다. 그러면 시청자들은 말 잘하는 연예인들이 출연한 다른 프로그램을 보려고 채널을 돌리겠지요.

최근 들어 잘생긴 연예인보다는 말 잘하는 연예인들이 대부분의 주요 방송 프로그램의 주인공을 차지하는 것도 그 때문입니다. 인기 예능 프로그램은 대부분 연예인들의 말솜씨와 개인기로 시간을 채우고 있지요. 그러니 연예인들도 미모보다 말솜씨가 중요해진 것입니다.

말솜씨가 좋으면 이성에게도 인기가 있습니다. 어느 결혼 정보업체가 조사한 것을 보면 대부분의 여자들은 말 없고 조용한 남자보다 말 잘하는 남자를 좋아하는 것으로 나타났습니다. 처음 만났을 때 호감이 가는 남자 1위가 '말 잘하고 유머러스한 성격'을 가진 사람이라는군요. 상대가 말을 잘하는 사람이길 바라는 것은 남자들도 마찬가지입니다.

세상에 이처럼 말로 해내야 하는 일이 많다 보니, 말솜씨가 부족한 사람은 그런 능력을 타고나지 못한 자신을 원망할 수도 있습니다. 하지만 고민만으로는 문제가 해결되지 않습니다. 오히려 자신감이 없어지고 의기소침해져서 말을 더욱 못하게 될 뿐입니다. 그러나 지금 말솜씨가 부족하다고 해서 기죽을 필요는 전혀 없습니다. 말솜씨는 타고나는 것이 아니라 길러지는 것이니까요.

타고난 듯 말을 잘하는 친구의 비결이 궁금할 때가 있지요? 그러나 그 친구가 말을 잘하는 것은 말재주를 타고난 것이라기보다 말할 기회가 많아서 연습이 충분해서일 가능성이 높습니다. 그러니 그 친구보다 말을 못한다고 주눅들 필요가 없습니다. 앞으로 제대로 된 방법을 찾아 연습을 한다면 말 잘하기로 유명한 연예인들 보다 더 말을 잘하게 될 수 있습니다.

지금 전 세계 10대들은 치열하게 말하기를 공부한다

서양의 학문은 대부분 말의 사용을 연구하는 학문인 수사학을 바탕으로 이루어진 탓에, 말하기를 무시하고서는 제대로 공부할 수가 없습니다. 문학, 인류학, 사회학, 정치학 등의 거의 대부분의 인문학은 고대 그리스 시대에 아리스토텔레스가 만든 수사학에서 갈라져

나왔습니다. 이러한 학문들이 진화하여 타협과 협상, 대화로 문제를 푸는 문화로 이어졌습니다. 그런 까닭에 서양에서는 말을 못하면 학교 성적 올리기는 물론 취업하기도 힘든 것이 현실입니다. 공부의 기본이 말하기임을 강조하는 서양에서는 유치원 때부터 주로 토론 또는 발표를 통해 수업을 진행합니다.

예전에 미국의 대학에 잠시 공부하러 간 적이 있는데, 나를 따라온 두 아들도 동네의 작은 공립학교를 다녔습니다. 그런데 아이들이 중·고등학교를 다니는 내내 팀원들이 발표 준비를 한다고 집에 몰려와서 북새통을 이루곤 했습니다.

선생님이 발표 팀을 정해 주면 한 명은 자료를 찾고, 한 명은 시각 자료를 만들고, 나머지 한 명은 대표로 나서서 발표를 하는 방식으로 역할을 나눕니다. 팀원 중 한 명이 실수를 하면 세 명 모두 점수가 깎이는 것이지요. 다른 친구에게 폐를 끼치지 않으려면 맡은 역할을 소홀히 할 수가 없습니다. 그리고 매번 역할을 바꾸기 때문에 말 잘하는 아이는 발표만 하고 나머지 아이들은 자료 준비만 하는 것도 불가능합니다. 발표를 해야 하는 상황은 어느 팀원에게든 생기는 것입니다.

발표를 마치면 다른 학생들이 발표한 팀의 점수를 매기는데, 때로는 그 전에 친구들과 선생님의 무섭도록 예리한 질문을 받아야 합니다. 그래서 발표 팀이 엉성한 자료 조사에 내용 파악마저 안 된 채 발표를 하면 감점을 줍니다. "저는 숫기가 없어서 말을 못하겠습니다." 같은 핑계는 받아들여지지 않습니다.

학년이 올라갈수록 발표 수업이 많아지고, 발표를 제대로 했는지를 확인하는 질문도 날카로워집니다. 대학생이 되면 발표하는 학생한 명에게 교수님 20명 정도가 질문을 하기도 합니다. 질문이 어찌나 날카로운지 눈물이 쏙 빠지기도 한답니다. 너무 강한 지적과 비판에 자존심이 많이 상할 수도 있습니다. 하지만 우물쭈물 대답을 못 하거나 억울하다며 눈물을 흘리면 바로 낙제 점수를 받습니다.

학교 다니는 동안 이처럼 강한 훈련을 거치면 어디서든 자기 의견을 분명하고 정확하게 말할 수 있고 어지간한 비판은 여유롭게 넘길 수 있습니다. 낯선 곳에서도 친구에게 먼저 다가가 말을 거는 용기도 생깁니다.

미국 학생들은 세계 공용어인 영어를 쓰기 때문에 외국어 공부는 그다지 열심히 하지 않습니다. 대신 발표, 대화 신청하기, 비판에 답하기, 자기 의견을 밝히기, 언어 공격을 부드럽게 방어하기와 같은 말하기 기술을 여러모로 연마합니다.

유럽 학생들은 미국 학생들과 달리 외국어를 열심히 배웁니다. 유럽 학생들은 보통 4~5개의 외국어에 능통합니다. 유럽 역시 어릴 때부터 발표가 생활화되도록 수업을 하며, 모국어도 철저히 배웁니다. 사전을 옆에 끼고 사는 건 기본입니다. 그런 훈련 덕분에 유럽인들 역시 친구를 잘 사귀고 발표도 잘하며 낯선 사람들과 잘 어울리는 편입니다. 유럽인들은 무엇보다도 자기나라만이 아니라 주변 국가 혹은 다른 대륙까지 누비며 공부를 하고 취직을 하고 휴가를 보내기 때문에 말하기 연습이 충분한 편입니다.

이처럼 어릴 때부터 말하기 훈련을 철저히 받는 미국인과 유럽인들이 만든 현대적 사회 시스템에서는 말에 자신 없는 사람들이 불리할 수밖에 없습니다. 그러니 말하기 훈련을 별로 중요하게 여기지 않는 동양인들은 말하기 경쟁력의 부족으로 진짜 실력을 보여 주지 못하는 경우가 많습니다.

미국이나 유럽 학생들이라고 해서 말솜씨를 타고나는 것은 아닙니다. 학교에서 배우고 연습해서 후천적으로 길러진 것입니다. 비록 지금은 말하기에 자신이 없더라도, 지금부터라도, 꾸준히 연습하고 실력을 연마하면 그들 못지않게 말을 잘할 수 있게 될 것입니다.

나의 경쟁력을 높여 주는 소통의 기술

직장이란 여러 사람이 모여 공동의 목표를 달성하고 최대한 많은 이윤을 얻고자 노력하는 곳입니다. 그래서 직장은 혼자만 일하는 사람을 원하지 않습니다. 여러 사람이 뭉쳐 혼자서는 감히 낼 수 없는 힘을 만들어야 하는 곳이기 때문입니다. 여러 사람의 힘을 모으려면 서로 오해 없이 단번에 알아듣도록 효율적으로 소통하는 것이 중요합니다. 말을 청산유수로 해야 한다는 것이 아닙니다. 두 번 물어보지 않도록 정확하게, 무슨 말인지 헷갈리지 않도록 분명히, 잘못 이해해서 화내지 않도록 명쾌하게 말해야 한다는 것입니다.

동료나 상사나 다른 부서 사람들이 비판을 해도 얼굴 붉히지 않고 조리 있게 상황을 설명할 줄 아는 것도 중요합니다. 직장 생활에서는 누군가 한 사람이 오해하고 투덜거리는 일이 있으면 팀원들의 조직력이 깨져서 큰 힘을 낼 수 없게 됩니다. 그렇게 되면 직장 경쟁력이 낮아져서 모두가 손해를 보게 됩니다. 따라서 직장에서는 여러 사람 간의 협력을 위해서도 말솜씨를 중요시합니다.

아무리 좋은 대학을 나오고 경력이 화려하더라도 혼자만 잘난 체하거나 남의 단점을 두고 불평만 하거나 말을 알아들을 수 없게 하는 사람은 직장에서 인정받을 수 없습니다. 제아무리 똑똑해도 혼자만 튀면 힘이 보태지지 않기 때문입니다. 직장 생활에서는 동료들에게 자신의 생각을 분명히 전하고 흔쾌히 동의를 받아내야만 자기 실력을 더 많이 발휘할 수 있습니다. 그러나 남에게 자기 생각을 분명히 전달하려다 보면 자칫 상처를 주어서 상대로 하여금 마음을 닫게 만들 수 있습니다. 그래서 말을 잘하는 연습이 필요합니다.

직장이 원하는 사람은 하고 싶은 일이 있으면 하고 싶다고 말하고, 도움이 필요할 때는 도와달라고 말하며, 자기가 할 수 없는 일에는 할 수 없다고 말하는 사람입니다. 물론 어떤 경우든 상대의 기분이 상하지 않도록 말하는 것이 중요합니다.

요즘 취업을 준비하는 수많은 선배들의 걱정을 들어 보면 남의 일 같지 않을 것입니다. 일류 대학을 나오고도 인턴 자리 하나 얻기 어렵다는 이야기도 들었을 것입니다. 그러나 직장에서 원하는 말하기가 무엇인지 잘 알고 있다면 분명 목표로 하는 회사에 취직할 수 있습니다.

여러 사람이 같이 일하는 곳에서는 분명히 자기가 지닌 실력이라도 남에게 보여 줄 수 있어야만 인정을 받습니다. 혼자서 실력만 길러서는 안 되고 그 실력을 다른 사람들에게 보여 줄 능력까지 길러야 하는 것입니다. 다른 사람에게 실력을 보여 주려면 말을 잘해야만 합니다.

그러나 직장이 원하는, 정확하고 분명한 말하기를 하기 위해서는 타고난 자질만으로는 충분하지 않습니다. 새로운 운동을 배워 익히듯 훈련을 통해 '직장 생활에 맞는 대화의 기술'을 다시 새롭게 공부해야 합니다. 그렇기 때문에 타고나지 않은 사람이라도 열심히 익힌다면 얼마든지 달변가가 될 수 있습니다.

가장 간단하고도 효과적인 훈련은 말을 내뱉기 전에 자신이 할 말을 자기가 듣는다고 생각해 보는 것입니다. 그 말을 자기가 듣는다면 어떻게 해석할 것인가를 생각해 본 다음에 말하는 버릇을 가지면 불쑥 막말을 하거나 알아듣기 어렵게 말하는 습관도 효과적으로 고칠 수 있습니다.

잘생긴 사람, 머리 좋은 사람, 언변이 좋은 사람

TV나 영화를 보면 잘생긴 사장, 부자, 예술가 들이 자주 나옵니다. 그러나 실제로는 정반대인 경우가 많습니다. 성공한 사람 중에 배우처럼 잘생긴 사람은 극히 드뭅니다. 요즘에는 배우로 성공해서 성공한 사업가가 되기도 하니 그런 경우가 아예 없는 것은 아니지만요. 그러나 그런 사람은 정말로 보도에 나오는 사람들이 거의 전부입니다.

또한 성공한 사람 중에 공부를 특출하게 잘한 사람이 없는 것도 마찬가지입니다. 빌 게이츠는 대학을 중퇴했고 영국 최고의 재벌인 리처드 브랜슨은 고등학교를 다니다 말았습니다. 물론 공부를 뛰어나게 잘하면 대학 교수나 연구원이 되어 연구 업적으로 큰 명예를 얻을 수 있습니다. 그러나 그 정도의 실력이 아닌 그저 그런 수준으로는 성공이 보장되지 않습니다.

학생 시절에는 공부만 잘하면 모든 것이 다 이루어질 것 같지만 현실적으로는 그렇지가 않습니다. 공부를 잘하는 데다 말을 잘하면 금상첨화입니다. 하지만 공부를 좀 못해도 말을 잘하면, 말을 못하고 공부만 잘하는 사람보다 성공할 기회가 많습니다.

실제로 내가 만나 본 부자 중에는 말을 못하는 사람이 없었습니다. 모두들 감탄할 정도로 말을 잘했습니다. 그들은 말을 청산유수로 잘하는 것이 아니라, 듣는 사람이 존중받는 느낌을 받도록 말할 줄 알았습니다. 재벌급 회사의 고위층 인사라도 거만하거나 잘난 척하며 말하는 사람은 단 한 사람도 못 보았습니다. 성공한 사람들은 외모가 뛰어나거나 머리가 유난히 좋은 것이 아니라 사람을 좋아하고 사람들이 듣기 좋은 말을 할 줄 아는 사람이라고 말해도 과언이 아닙니다.

그렇다면 왜 공부 잘하고 잘생긴 사람보다 말을 잘하는 사람이 더 성공할 가능성이 클까요? 외모가 뛰어나면 거만하게 행동을 하기가 쉽습니다. 어릴 때부터 지나치게 위해 주는 사람들이 많아서 남을 업신여기는 것입니다. 성격이 거만해지면 상대방 비위를 상하게 하는 말도 거르지 않고 함부로 합니다. 그런 사람은 외모가 아무리 뛰어나더라도 가까이 하기 싫어집니다.

학교 다닐 때도 잘난 척, 예쁜 척하는 친구들은 때려 주고 싶을 정도로 밉지요. 친하게 지내기 싫어집니다. 사회 생활에서는 어떨까요? 사회 생활은 학교 생활보다 훨씬 냉정합니다. 직장에서는 혼자

잘난 사람은 필요로 하지 않습니다. 동료들과 협조를 잘해서 혼자서는 도저히 해낼 수 없는 큰일을 할 수 있는 사람을 원합니다. 외모만 내세우다 혼자 고립되거나 학벌 좋고 머리도 좋다며 거만하게 굴다가 주변 사람들의 협조를 이끌어내지 못하는 사람은 환영받지 못합니다. 물론 외모가 출중하고 머리도 좋은데 성격이 겸손하다면 당연히 남들보다 먼저 성공할 수 있을 것입니다.

외모나 학업 성적 때문에 비관할 것도 잘난 척할 것도 없습니다. 외모가 남보다 잘났건 못났건, 공부를 잘하건 못하건, 듣는 사람의 기분이 좋아지도록 말을 할 줄 아는 것, 자기 생각을 분명하게 전하면서도 상대방의 기분이 상하지 않도록 할 줄 아는 것이 더 나은 미래를 보장하니까요.

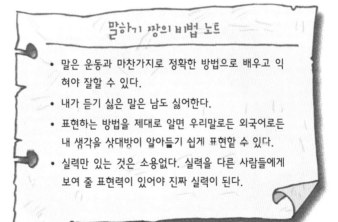

말하기 짱의 비법 노트

• 말은 운동과 마찬가지로 정확한 방법으로 배우고 익혀야 잘할 수 있다.
• 내가 듣기 싫은 말은 남도 싫어한다.
• 표현하는 방법을 제대로 알면 우리말로든 외국어로든 내 생각을 상대방이 알아듣기 쉽게 표현할 수 있다.
• 실력만 있는 것은 소용없다. 실력을 다른 사람들에게 보여 줄 표현력이 있어야 진짜 실력이 된다.

02

세상을 설득한 21세기 멘토들

위대한 지도자들은 대개 뛰어난 말솜씨를 지녔습니다. 그들은 적마저 자기편으로 만들 만큼 감동적인 말을 할 줄 압니다. 사람은 마음에서 우러나지 않으면 심하게 압박을 해도 온전히 따르지 않습니다. 압박을 해서 억지로 따르게 만들면 오히려 분노만 커집니다. 성공하려면 많은 사람들이 자발적으로 따르도록 만드는 매력이 있어야 합니다. 그런 매력은 말솜씨에서 가장 먼저 시작됩니다.

솔직함과 진정성으로 마음을 사로잡는 버락 오바마

2008년 9월까지만 해도 미국인들조차 미국에 흑인 대통령이 탄생할 것을 예측하지 못했습니다. 당시 민주당 대통령 후보 경선에서 힐러리와 오바마는 박빙의 승부를 겨루고 있었습니다. 일반 시민들은 여전히 흑인 대통령 후보를 부정적으로 보았습니다. 그도 그럴 것이 불과 몇 십 년 전만 해도 미국에서 흑인의 위상은 우리들이 상상하는 것 이상으로 취약했습니다.

1960년대 존 F. 케네디 대통령이 인종 차별 법을 고치기 전까지만 해도 흑인은 백인의 노예로 살아야 했습니다. 흑인이 백인과 같은 버스를 타는 것은 물론이고 같은 식당에서 밥을 먹는 것마저 금지되어 있었습니다. 또한 학교도 흑인만 다니는 학교에 다녀야 했습니다. 끔찍하게도 백인 여자와 결혼한 흑인을 사형에 처한 다음 목을 베어 길거리에 매달아 놓는 일도 있었습니다. 1960년대에 오바마의 어머니는 케냐에서 온 흑인 남자와 결혼해 아들을 낳았습니다. 대신 미국 본토에 비해 인종 차별이 덜한 하와이에 가서 살았습니다.

하와이에서 오바마는 백인만 다니는 학교의 유일한 흑인 학생이었습니다. 게다가 그의 이름 '버락'은 케냐 인들이 쓰는 스와힐리어여서 미국 아이들이 발음하기도 어려웠습니다. 오바마의 초등학교 친구들은 그의 이름이 이상하다며 놀렸습니다. 초등학교 내내 왕따도 그런 왕따가 없었습니다.

오바마는 중·고등학교에 다니는 동안 백인들에게는 흑인 취급을, 흑인들에게는 백인 취급을 당하며 외롭게 지내야 했습니다. 자칫하면 비뚤어져도 한참 비뚤어졌을 텐데, 오바마는 그러한 시련을 참고 견디면서 고등학교를 마쳤습니다.

자신의 외모가 흑인 쪽에 가깝다고 판단한 오바마는 백인보다는 흑인과 어울리는 것이 낫다고 생각했습니다. 그래서 멀리 로스앤젤레스의 흑인들만 다니는 학교인 옥시덴탈 칼리지에 입학했습니다. 그러나 백인 할머니에게서 자란 오바마는 흑인 친구들과 생각하는 바가 많이 달랐습니다. 그것을 감지한 흑인 친구들은 오바마와 가까워지기를 꺼렸습니다. 그러나 오바마는 여전히 화내지 않고 참았습니다. 오히려 친구들의 어려운 점을 발견하면 열심히 도와 자기편으로 만들어 나갔습니다.

그러던 어느 날 오바마는 학교에 누구든 단상에 올라가 자기 생각을 말하는 행사가 있다는 것을 알게 되었습니다. 오바마도 단상에 올라갔습니다. 그는 인종 차별이 왜 문제인지에 관해 연설했습니다. 그의 연설이 학교 운동장에 울려 퍼지자 학생들이 구름처럼 몰려들었습니다.

오바마는 그 광경을 보고 놀랐지만 내색하지 않고 연설을 계속 했습니다. 인종 차별을 두려워할 것이 아니라 그것을 뛰어넘는 마음을 가져야 한다고 강조했습니다. 그가 말을 마치려고 하자 학생들은 더 이야기하라고 외쳤습니다. 그 순간 오바마는 말의 힘이 대단하다는 것을 깨달았습니다. 친구 한두 명을 사귀는 것은 쉽지 않았지만, 앞에 나서서 연설을 잘하면 수많은 학생들의 마음을 단번에 사로잡을 수 있다는 것을 알게 된 것입니다. 오바마는 그 한 번의 연설로 스타가 되었습니다. 오바마를 백인 취급하면서 따돌리던 학생들도

그에게 다가왔습니다.

　말의 힘을 대단하다는 것을 느낀 오바마는 자신의 말솜씨를 더욱 열심히 갈고닦기로 결심했습니다. 말을 잘하려면 글을 잘 써야 할 것 같아 매일 일기를 쓰기도 했습니다. 그리고 거울을 보며 배우처럼 말하는 법을 연습했습니다. 오바마는 점차 자신감을 갖게 되었습니다. 그는 각종 인종이 모여 공부하는 뉴욕 맨해튼의 컬럼비아대학에 편입했습니다. 뉴욕은 여러 인종이 섞여 사는 곳이라 흑인들도 단지 인종 때문에 왕따 당하는 일은 드물었습니다.

　오바마는 뉴욕으로 온 후 그동안 차별을 이겨 내는 방법으로 길러둔 그의 설득력을 활용해 인기를 모았습니다. 그는 완고하고 까다로운 사람도 금세 자기편으로 만드는 기막힌 설득력을 발휘했습니다. 더욱 자신감이 생긴 오바마는 가난과 범죄에 찌들어 살아야 하는 흑인들의 대변인 역할을 하리라 결심했습니다. 그래서 미국 뉴욕의 할렘 가보다 더 험악한 흑인 우범 지대로 알려진 시카코의 사우스 사이드 지역의 사회 봉사 단체에 취직했습니다.

　사우스 사이드는 특히 위험한 동네였습니다. 뉴욕의 할렘은 밤에만 총알이 날아다니지만 시카고의 사우스 사이드는 낮에도 총알이 날아다닌다고 얘기할 정도였습니다. 오바마는 그곳 사람들이 총을 내려놓고 평화롭게 살도록 하고자 노력했습니다.

사우스 사이드에서 활동하던 오바마는 하버드대학교 로스쿨에 입학했습니다. 이곳 로스쿨에서는 그동안 갈고닦은 설득력을 최대한 발휘해 하버드 로스쿨 개교 이래 최초로「하버드 로 리뷰」의 흑인 편집장이 되었습니다. 그리고 대학원 졸업 후 다시 사우스 사이드로 돌아가 그 지역의 상원의원이 되었습니다.

오바마가 대통령 후보로까지 부각된 것 역시 말 때문이었습니다. 2004년 조지 부시 대통령과 겨뤄야 했던 민주당 존 케리 후보가 오바마의 설득력을 눈여겨보다가 민주당 전당 대회에서 지원 연설을 해달라고 부탁했는데, 그 연설이 민주당은 물론 미국 전체를 들썩이게 만들었습니다.

오바마는 다른 정치인들이 미국의 문제점을 말할 때, 흑인 아버지와 백인 어머니에게서 태어난 자기 같은 사람이 하버드대학교를 나와 사회의 주요 인물이 되도록 할 수 있는 나라는 지구 상에 미국밖에 없으며 그런 미국의 위대함을 되찾을 사람은 바로 존 케리라고 연설하여 뜨거운 박수갈채를 받았습니다. 부시가 일으킨 이라크 전쟁으로 인해 자존심이 상할 대로 상한 미국인들은 그의 말에서 무너져 가던 미국인의 위상을 되찾은 것입니다. 오바마는 그 한 번의 연설로 무명의 지방 상원의원에서 전국적인 유명 인사로 급부상했습니다.

그의 말솜씨는 날이 갈수록 더욱 빛을 발해, 연방 상원의원 임기를 1년 남긴 초선 의원인데도 불구하고 힐러리라는 거물급 정치인의 라이벌로 발탁되었습니다. 나중에는 힐러리마저 누르고 민주당의 대통령 후보가 되었으며, 결국에는 미국의 거물 정치인인 공화당의 매케인 후보를 큰 표 차이로 누르고 대통령에 당선되었습니다.

오바마는 어릴 때부터 인종 차별과 따돌림을 당하면서 겸손하게 말하는 법을 배운 셈이었습니다. 남의 말에 상처를 많이 받으며 자란 까닭에 오히려 어떤 말이 듣는 사람에게 상처를 주는지를 잘 알게 되었습니다. 그런 훈련 덕분에 오바마는 대통령 유세 기간 동안 단 한 번도 백인들을 비난하지 않으면서 인종 차별 문제를 다루는 데 성공했습니다. 그는 그저 흑인인 매기 할머니가 일생 동안 당했던 일들을 설명하기만 했습니다. 백인들은 자기 조상들의 잔인함을 반성하고 흑인들은 자기 조상들의 슬픔을 이해하도록 말한 것입니다.

오바마에게는 앞으로도 많은 과제가 남아 있습니다. 특히 그의 앞에는 심각한 경제 위기를 해결해야 하는 어려운 과제가 놓여 있습니다. 세계인들은 그가 뛰어난 설득력을 활용해 그 누구도 할 수 없는 큰일을 해낼 수 있으리라 기대를 걸고 있습니다.

간결한 말로 강력한 메시지를 전하는 윈스턴 처칠

윈스턴 처칠은 오늘날까지도 세기의 웅변가라고 불릴 만큼 뛰어난 말솜씨를 보여 준 인물로 유명합니다. 그의 말솜씨가 그토록 유명한데는 이유가 있습니다. 당시 유럽인들이 수식이 많고 장황한 표현을 자주 쓰던 것과 달리 처칠은 짧고 간결한 말로써 메시지를 전해 누구나 잘 알아듣도록 했기 때문입니다.

처칠은 제2차 세계 대전에서 영국이 밀리고 있던 때, 옥스퍼드대학교 졸업식에서 단 두 마디의 졸업 축사를 하여 더욱 유명해졌습니다. 그가 한 말은 바로 이것이었습니다.

"포기하지 마시오. 절대 포기하지 마시오."

영국인들은 21세기인 지금까지도 지난 100년간 영국에 가장 큰 영향력을 미친 사람 중 1위로 윈스턴 처칠을 꼽습니다. 영국뿐 아니라 전 세계적으로도 그는 뛰어난 지도자로 기억되고 있습니다. 그에 대한 기억이 이토록 오래가는 이유는 그가 남긴 말들이 오늘날에도 세계 곳곳의 주요 인물들에게서 인용되고 있기 때문입니다.

1800년대 후반, 유럽의 젊은이들의 목표는 주로 공부를 열심히 해서 좋은 대학에 가는 것이었습니다. 그런데 윈스턴 처칠은 공부를 지독하게 못했습니다. 귀족 출신임에도 불구하고 중학교 때부터 낙제점을 받기 일쑤였습니다. 그는 삼수를 해서 간신히 육군사관학교에 들어갔습니다. 육군사관학교에서도 가장 인기 없는 포병학교에 명문가 자제 특권으로 겨우 입학한 것입니다.

윈스턴 처칠의 할아버지는 아일랜드 총독을 지낸 말버러 공작 7세였습니다. 그리고 아버지는 아일랜드 총독인 할아버지의 비서로 일했습니다. 처칠은 열두 살 때 귀족들만 다니는 명문 학교인 해로스쿨(Harrow School)에 입학했습니다. 윈스턴 처칠은 선생님들에게 미움을 받아 지독하게 불행한 학교생활을 했습니다.

그는 라틴 어와 그리스 어를 특히 못했는데, 후배들과 함께 같은 문장을 여러 번 외우도록 하는 수치스러운 벌을 받기도 했습니다. 그러나 그런 고통은 영어의 기초를 완전히 습득하는 힘이 되었습니다. 그 덕분에 연설의 대가가 되었으니 그 고통은 견딜 만한 가치가 있는 것이었습니다.

처칠의 아버지인 랜돌프 경은 처칠이 지능 발달이 늦기 때문에 군인 이외에는 할 만한 일이 없다고 판단했습니다. 어린 처칠은 장난감 병정을 갖고 전쟁놀이를 하는 것밖에 잘하는 것이 없었습니다. 아버지의 판단이 옳았던지 처칠은 육군사관학교는 간신히 입학했지만 졸업은 우수한 성적으로 했습니다.

졸업 후 처칠은 당시 영국의 식민지였던 인도와 수단 등으로 파

견되었습니다. 덕분에 세계 곳곳을 돌아볼 수 있었죠. 여행 중에 훌륭한 조언자를 만난 것은 그의 인생에 큰 행운이었습니다. 영국에서 쿠바로 가는 도중 뉴욕에 들렀을 때, 아일랜드 출신 미국인 변호사이자 정치가인 윌리엄 파크 코크란을 만난 것입니다. 처칠은 바로 코크란에게서 뛰어난 연설 기술을 배웠습니다.

코크란의 충고로 그는 영국의 위대한 역사가인 에드워드 기번의 『로마 제국 쇠망사』를 누더기가 될 때까지 읽었습니다. 그 책에서 격조 높은 단어를 익히고 문장 실력을 쌓았습니다. 그는 인도에서 근무하는 동안 『로마 제국 쇠망사』는 물론 여러 고전들을 읽으면서 대화할 거리를 풍성하게 쌓았습니다. 발음할 때 혀가 꼬부라지는 습관을 고치려고 입이 헐도록 발음 연습을 하기도 했습니다.

책을 많이 읽자 글 솜씨도 부쩍 늘었습니다. 처칠은 글 솜씨를 인정받아 인도의 북서 지역 변경 지구에 있는 파탄 족 진압 작전에서 겪은 일을 인도의 주요 영자 신문에 연재하게 되었습니다. 그 글들을 엮은 것이 바로 처칠이 낸 최초의 책인 『말라칸드의 야전군 이야기』입니다.

그 후 나일강 지역을 원정한 경험도 신문에 기고했습니다. 현지에서 폴로 시합을 하다가 어깨가 부러졌는데도 불구하고 용감히 돌격전에 참가했던 군인으로서의 경험담이 큰 인기를 끌면서 이 글들도 신문

연재가 끝난 후 『강의 전쟁』이라는 책으로 출판되었습니다. 이 책들이 베스트셀러가 되자 처칠은 대중들에게 용감한 군인의 이미지를 심을 수 있었습니다. 그는 그 이미지를 토대로 정치에 입문했습니다.

당시 영국에서는 정치인에게 월급을 주지 않았습니다. 처칠은 책을 써서 정치 자금을 마련했는데 그의 책들이 상당히 많이 팔리면서 어마어마한 돈을 얻게 되었습니다. 그러나 처칠은 면직물의 도시인 랭커셔 올덤이라는 지역의 보궐 선거에 보수당 후보로 출마했다가 낙선하고 말았습니다.

낙선 한 달 만에 식민지였던 남아프리카에서 전쟁이 터지자 그는 이전에 글을 연재했던 「런던 포스트」지의 특파원이 되어 다시 전쟁터로 갔습니다. 전쟁터에서 옛 동료이기도 한 영국 육군 장교들과 함께 전투에도 참가했습니다. 영국군들이 탄 장갑 열차가 공격당하는 것을 본 처칠은 그 안에 있는 부상병 구출을 돕다가 토착민인 보어 인에게 잡혀 포로가 되었습니다. 그러나 포로수용소에서 탈출해 다음 해 7월 영국으로 귀환했습니다.

영국 국민들은 처칠을 영웅으로 대접했습니다. 그 인기로 1900년 10월, 올덤에서 다시 하원의원에 출마했는데 이번에는 어렵지 않게 당선되었습니다. 정치가가 되자 그의 말과 글 실력은 날개를 달았습니다. 문필가로서도 크게 인정을 받았던 윈스턴 처칠은 정치가로서는 이례적으로 노벨 문학상을 수상하는 영광을 얻기도 했습니다.

그의 연설이 영국 국민들에게 얼마나 사랑을 받았는지를 보여 주는 일화는 아주 많습니다. 지금 소개할 일화는 제2차 세계 대전이 막바지로 접어들던 1944년에 있었던 일입니다.

전쟁 중에는 모든 물자가 부족하기 때문에 처칠은 아주 급한 일이 아니면 전용 승용차도 잘 타지 않았습니다. 이동해야 할 일이 생기면 전용차보다 기름을 조금이나마 아낄 수 있는 택시를 이용했습니다. 어느 날 중대 발표를 하기 위해 급히 BBC 방송국으로 가야 했습니다. 중요한 사안이었기 때문에 처음에는 전용차를 타려고 했으나 그날따라 전용차가 고장이 나 있었습니다.

처칠은 할 수 없이 거리로 나가 급히 택시 한 대를 세웠습니다. 그런데 택시 운전사가 "미안하지만 다른 차를 타 주십시오. 너무 멀어서 갈 수가 없습니다."라며 승차 거부를 했습니다. TV가 없던 시절이라 택시 운전사는 수상의 얼굴을 알아보지 못했습니다.

처칠은 자신의 신분을 밝히지 않고 "아니, 못 가는 무슨 이유입니까?"라고 물었습니다. 그러자 택시 운전사는 "지금부터 한 시간 후에 윈스턴 처칠 수상의 중대 발표 방송이 있거든요. 저는 그 전에 여기에 돌아와서 그 방송을 꼭 들어야 합니다."라고 대답했습니다. 처칠은 웃돈까지 얹어 주며 그에게 다시 부탁하여 간신히 방송국으로 갈 수 있었습니다. 처칠의 연설은 국민들에게 그 정도로 인기가 높았습니다.

처칠은 유머 감각도 뛰어났습니다. 곤란한 상황에서도 유머로써 상대방을 제압하곤 했습니다. 영국 최초의 여성의원인 애스터 여사와의 유명한 일화가 있습니다. 그녀는 말투가 거칠고 직설적이었습니다. 한번은 그녀가 처칠에게 "처칠 씨, 내가 만일 당신의 아내였더라면, 당신 커피에 독을 탔을 거예요!"라며 악담을 했습니다. 그러자 처칠은 전혀 흥분하지 않고 "애스터 여사, 내가 만일 당신의 남편이었더라면 그 커피를 즉시 마셔 버렸을 거요!"라고 되받아 그녀의 독설이 무색해지게 했습니다.

처칠은 학창 시절에 담임선생님까지도 별 볼 일 없는 학생으로 여기던 아이였습니다. 지금 말솜씨가 부족하다고 걱정하는 학생이 있다면 처칠을 보고 용기를 갖기를 바랍니다. 처칠은 누구도 알아 주지 않던 별 볼 일 없는 학생이었지만 집념의 노력으로 글쓰기 실력과 말솜씨를 길러 전 세계인에게 인정받는 지도자가 되었으니 말입니다.

듣는 지혜를 터득하여 신화가 된 오프라 윈프리

버락 오바마가 대통령 후보일 때 그를 대중에게 소개해 일약 스타로 만든 사람은 바로 오프라 윈프리였습니다. 미국에서 가장 영향력 있는 여성 1위, 미국에서 가장 존경받는 여성 2위, 「포브스」 집계 부자 서열 20위라는 순위가 말해 주듯 현재 그녀의 명성은 하늘을 찌를 듯합니다.

오프라 윈프리는 미국 미시시피의 가난한 시골에서 태어났습니다. 그녀는 결혼 신고를 하지 않은 부모 사이에서 태어나 무서운 할아버지와 할머니 손에서 자랐습니다. 가슴 아프게도 그녀는 아홉 살에 사촌 오빠에게 성폭행을 당했습니다. 게다가 친척들에게 모진 학대를 받았습니다. 열네 살이라는 어린 나이에는 아이까지 낳았는데, 뭐가 뭔지 모르는 어린 산모였던 탓에 아이는 죽어 버리고 말았습니다. 심한 충격을 받은 그녀는 급기야 마약에까지 손을 댔습니다. 자신의 미래를 한심하게 생각하다가 100킬로그램이 훌쩍 넘는 비만이 되기도 했습니다.

그런 그녀가 다시 일어설 수 있었던 것은 바로 뛰어난 말솜씨 덕분이었습니다. 오프라는 고등학교 졸업 후 열아홉 살에 미국 최초로 흑인 앵커가 되었습니다. 그리고 그 후로 20년이 넘도록 〈오프라 윈프리 쇼)를 진행했습니다. 이 프로그램이 큰 인기를 얻은 덕분에 오프라는 에미상(Emmy Award)을 30번이나 받았습니다. 현재는 'OPRAH'라는 자기 이름을 거꾸로 쓴 'HARPO' 그룹을 세워 최고 경영자로도 활약하고 있습니다.

비만을 조절한 뒤에는 세계적인 미녀들에게만 허락된다는 「보그(Vogue)」지의 표지를 장식했는데 이 또한 흑인으로선 처음이었습니다. 이 외에 영화에 출연해 아카데미 여우조연상 후보에도 올랐습니다. 차별을 받던 흑인이면서 뚱뚱하고 가난하고 학력도 낮았던 오프라 윈프리가 오늘날 이처럼 성공한 비결은 무엇일까요? 바로 풍부한 독서를 토대로 말솜씨를 기른 것이 그 힘의 원천이었습니다.

미국의 TV 채널에서 방송되는 토크쇼의 수는 셀 수 없을 만큼 많습니다. 그런데 유독 오프라 윈프리 쇼가 인기를 모은 비결은 무엇 때문일까요? 우선 자신의 아픔을 솔직하게 말하는 것이 하나의 비결입니다. 그리고 출연자들로 하여금 자신의 아픔을 털어놓게 만드는 오프라 윈프리의 뛰어난 설득력이 또 하나의 비결입니다.

오프라 윈프리는 자신이 계부 밑에서 사생아로 자란 일과 할렘가의 혹독한 가난을 견디지 못하고 미혼모가 되었던 일까지 숨기지 않고 방송에서 모두 털어놓았습니다. 그것을 통해 말 못할 고통을 지니고 있는 출연자들과 깊은 공감대를 형성할 수 있었습니다.

오프라가 전국적인 인물이 된 것은, 사람들의 만류에도 불구하고 볼티모어의 작은 방송국에서 시카고의 방송국으로 직장을 옮기던 때의 용기에서 시작되었습니다. 오프라 윈프리는 훗날 그때를 이렇게 회상했습니다.

"내가 시카고에 도착한 건 1983년 노동절 주말이었습니다. 지역 방송국에서 아침 토크쇼의 진행자를 모집한다는 소식을 듣고 오디션을 보기 위해서였습니다. 동료들은 모두들 가지 말라며 나를 붙잡았습니다. '넌 지금 지뢰밭에 걸어 들어가는 거야. 시카고에 가서 살아남을 수 있을 것 같니? 아마 경쟁에 치여서 온몸이 산산조각이 나고 말걸?' 이렇게 말을 했죠."

그녀가 대도시 시카고에 가서 맡게 된 프로그램 제목은 〈AM 시카고〉였습니다. 여러 차례 진행자를 바꿔 보았지만 시청률이 나아지지 않아 애를 먹고 있던 프로그램이었습니다. 사실 같은 시간대에 편성되어 있는 다른 방송국 프로그램의 진행자가 워낙 강력한 인물이어서 어떤 방법도 통하지 않았습니다. 그 진행자는 출연자들과 허심탄회한 대화를 주고받는 토크쇼의 방식을 방송 사상 처음으로 도입하며 엄청난 인기를 누리던 필 도나휴였습니다.

필 도나휴의 쇼 프로그램은 시카고뿐만 아니라 전국에 방송되었습니다. 시청률은 누구도 넘볼 수 없을 만큼 높았습니다. 오프라는 필 도나휴의 장점을 배우기 위해 하루도 거르지 않고 그의 프로그램을 모니터했습니다. 오프라는 그의 방송을 보며 대화할 때 경청하는 법과 필요할 때 외에는 절대 남의 말에 끼어들지 않는 것이 좋다는 것을 터득했습니다.

전국적으로 유명한 토크쇼 진행자인 필 도나휴의 텃밭이나 다름없는 시카고에서 경쟁 프로그램을 맡는다는 것은 쥐가 호랑이와 겨뤄 보겠다고 까부는 것이나 마찬가지였습니다. 무엇보다 시카고는 흑인 차별이 심한 곳이었습니다. 오프라는 내심 그런 곳에서 최초의 흑인 방송인으로 일한다는 것이 부담스러웠습니다. 게다가 살은 너무 쪘고 외모에도 자신이 없었습니다.

오프라는 시카고 방송국의 국장인 데니스 스완슨에게 솔직한 심정을 털어놓았습니다.

"저는 흑인이에요. 앞으로도 그 사실이 변하지 않을 거고요. 현재의 몸매가 별로이지만 그것도 크게 달라질 것 같지 않습니다."

그러자 데니스 스완슨 국장이 말했습니다.

"나도 알아요. 나도 당신이 내가 바라보는 당신 그대로일 뿐이라는 것을 알고 있습니다. 그러나 나는 또 알지요. 당신은 사람들 마음을 읽을 줄 아는 재주가 있다는 것을. 나는 절대로 당신에게 당신이 아닌 다른 사람이 되라고 바라지 않을 겁니다. 다만 당신이 가진 재능을 마음껏 발휘해 주길 바랄 뿐입니다. 우리가 바라는 건 당신이 필 도나휴를 따라잡는 것이 아닙니다. 오프라, 방송에서 당신 모습 그대로를 보여 주세요."

오프라는 만약 데니스 스완슨 국장이 자신에게 필 도나휴를 따라잡아 달라고 얘기했더라면 십중팔구 갈피를 잡지 못한 채 그릇된 목표 의식을 갖고 방송에 임했을 것이라고 고백했습니다. 그녀는 아무것에도 구애받지 않고 자신 있게 제 목소리를 내면서 고유의 영역을 개척할 수 있었던 것은 순전히 데니스 스완슨 국장의 격려 덕분이라며 감사를 표하곤 합니다. 어디서나 자기의 색깔을 잃지 않고 당당하고 솔직하게 말할 줄 아는 능력이 바로 오늘날의 그녀를 만든 힘이 되어 준 것입니다.

강인함으로 신뢰를 심어 준 파워 리더, 힐러리 로댐 클린턴

세계적인 권력을 지닌 사람도 어린 시절에는 상상 이상으로 불우했던 경우가 많습니다. 그들에겐 여러 가지 공통점이 있는데 바로 자신이 이견을 분명하고 정확하게 전달할 줄 알았다는 것입니다. 지금 전 세계에서 가장 성공한 여성 중 한 명인 미국의 힐러리 로댐 클린턴 역시 불우한 어린 시절을 보냈지만 말솜씨가 뛰어나 오늘날 성공을 거두었습니다.

힐러리의 할아버지와 할머니는 이혼했습니다. 그리고 힐러리의 아버지와 어머니도 그녀가 여섯 살 때 이혼했습니다. 힐러리는 불안정한 집안 분위기와 경제적으로도 넉넉하지 못한 환경에서 어린 시절을 보냈습니다. 힐러리의 양육은 할머니가 맡았습니다.

그녀는 시카고 인근의 소도시 파크 리지에서 평범한 학생으로 고등학교를 졸업했습니다. 어두운 집안 분위기와 권위적인 아버지에게 눌려 지낸 탓에 그녀는 늘 집에서 멀리 떠나고 싶어 했습니다.

고등학교를 졸업한 힐러리는 독립의 꿈을 이루기로 결심했습니다. 집에서 비행기로 3시간, 승용차로 18시간 정도 걸리는 매사추세츠 주의 웨슬리 여자 대학에 입학 원서를 낸 것입니다. 아버지는 그렇게 집에서 먼 곳으로는 보낼 수 없다고 노발대발 화를 냈습니다. 그러나 힐러리는 아버지를 간곡히 설득해 집을 떠났습니다.

힐러리는 비록 특출하게 공부를 잘하지는 않았지만, 궁금한 일은 반드시 물어봐야 직성이 풀리는 성격이었습니다. 우주인이 되고 싶었던 힐러리는 열네 살 때, 미국 항공 우주국인 나사(NASA)에 편지를 써서 우주비행사가 되려면 어떤 준비를 해야 하느냐고 문의할 정도로 적극적이었습니다. 그런데 힐러리는 나사로부터 충격적인 답장을 받았습니다. 힐러리가 여자이기 때문에 받아줄 수 없다는 것이

었습니다. 힐러리는 그때의 충격을 계기로 훗날 여성의 지위를 높이는 일을 하겠다는 삶의 목표를 갖게 되었습니다.

미국의 대학에서는 졸업식에서 연설할 학생을 성적이나 오디션을 통해 선발하는 전통이 있습니다. 힐러리는 안타깝게도 졸업식 연사로 뽑히지 못했습니다. 하지만 그녀는 여성의 주권을 소리 높여 주장하기 위해 반드시 자신이 졸업 연설을 해야 한다고 생각했습니다.

결국 힐러리는 담당 선생님을 찾아가 졸업식에서 연설을 하게 해 달라고 무작정 졸랐습니다. 어찌나 끈질겼던지 선생님이 두 손을 들고 말았습니다. 선생님은 연설하기가 두렵다는 한 학생의 양보를 얻어 그 학생 대신 힐러리가 연설할 수 있게 해 주었습니다. 이 연설에서 힐러리는 왜 여자들이 차별을 받아야 하는가에 대한 자신의 생각을 솔직하게 말했습니다.

남녀 차별이 심했던 당시에는 여자가 그런 말을 하는 것만으로도 논란거리가 되었습니다. 힐러리의 연설은 사람들을 충분히 놀라게 만들고도 남았습니다. 심지어 다른 대학에서도 힐러리의 연설문을 대문짝만하게 학보에 실을 정도였습니다. 말 그대로 그녀의 연설은 세상을 떠들썩하게 만들었습니다. 그 일로 힐러리는 미국 내 많은 대학생들 사이에서 스타로 떠올랐습니다.

그리고 힐러리는 예일대학교 법대에 진학하였고, 훗날 미국의 대통령이 되는 빌 클린턴을 만나 결혼을 했습니다. 힐러리는 미국의 퍼스트레이디로 8년을 지낸 뒤 미국 상원의원이 되었으며, 2008년 에는 미국 역사상 최초로 여자로서 대통령 후보 경선에 뛰어들었습 니다. 비록 오바마에게 패하여 대통령 후보가 되지는 못했지만, 대 통령 다음 직위인 국무장관이 되었습니다.

힐러리 클린턴은 버락 오바마와 벌인 민주당 대통령 후보 경선에 서 패배했음을 인정하는 자리에서 명연설을 남겼습니다. 그녀는 마 지막 연설에서 감사와 희망의 메시지를 전하여 수많은 사람들에게 감동을 주었습니다. 그 내용을 함께 들어볼까요?

"앞으로 이어질 버락 오바마와 존 매케인의 경쟁은 결코 쉽지 않 을 것입니다. 누군가는 이렇게 말할 것입니다. '우리는 해낼 수 없 다. 너무 힘이 드는 일이다. 우리에게 넘치는 일이다.' 라고. 그러나 '할 수 없다.' 는 생각 대신 '힘든 노력, 결단, 도전 정신을 통해 가능 성을 넓혀 가자.' 고 생각하는 것이 바로 우리 국민들이 선택하는 방 식입니다. 그렇습니다. 우리는 할 수 있습니다.

제가 경선에서 이기지 못해 실망한 분들, 특히 그동안 열정을 쏟 아 준 젊은이들에게 진심으로 미안합니다. 그러나 저는 여러분들이 계속 자신의 꿈을 찾아 나가기를 바랍니다. 언제나 높은 목표를 가 지고, 열심히 일하고, 자신이 믿는 것들을 지켜 나가십시오. 비틀거

릴 때에도 믿음을 가지십시오. 실패하면, 바로 다시 일어나십시오. 그리고 '당신은 할 수 없어. 계속해서는 안 돼.'라고 하는 사람들 말에는 절대 귀 기울이지 마십시오.

여자가 정말 대통령이 될 수 있을까 의심하는 사람들에게 우리는 대답했습니다. '예, 우리는 할 수 있습니다.' 또한 흑인이 대통령이 될 수 있을까 하는 의심에 버락 오바마는 대답했습니다. '예, 우리는 할 수 있습니다.'

저와 버락 오바마는 기념비적인 일을 해냈습니다. 여성으로서 대통령 후보에 출마한 것이 어떤 의미가 있느냐는 질문에 저는 한결같이 대답했습니다. '여자로서 대통령에 출마한 것을 매우 자랑스럽게 생각합니다. 그러나 저는 제가 가장 훌륭한 대통령이 될 수 있다고 믿기에 대통령에 출마했습니다.'라고 말입니다.

하지만 저는 여자입니다. 그리고 수백만의 여자들이 아직 편견과 제약으로 인해 힘들어하고 있다는 것을 잘 압니다. 그래서 저는 누구도 소외되는 일 없이 모두의 가능성이 존중받고 실현되는 나라를 만들고 싶습니다. 저는 제가 누렸던 기회를 꿈조차 꿔 보지 못했던 어머니의 딸로서 대통령에 출마했습니다. 또한 저는 딸의 미래를 걱정하며 모든 아이들이 밝은 내일을 살기 원하는 어머니로서 대통령에 출마했습니다.

이번에는 단단하기 그지없고, 높디높은 차별의 장벽을 깨지 못했습니다. 그러나 여러분들 덕분에 우리는 1,800만 개(힐러리가 얻은 표 수)의 틈을 만들어 냈습니다. 이전에 없었던 희망의 빛이 지금 우리를 비추고 있습니다. 덕분에 앞으로 차별의 장벽을 부수는 일은 좀 더 쉬울 겁니다.

이것이 지금까지 역사가 발전해 온 방식입니다. 여러분들 덕분에 우리 아이들은 흑인과 여자도 대통령이 될 수 있다는 것을 당연히 여기며 성장할 것입니다. 그러니 여러분이 '만약에 이랬다면, 만약에 저랬다면' 식의 말을 듣거나 스스로 그런 생각을 갖게 된다면, 제발 그러지 마세요. 뒤돌아보는 데 시간을 허비하지 말고, 앞으로 나아가는 일을 계속합시다.”

이처럼 성공한 사람들은 어려움이나 좌절을 고통으로 받아들이지 않고 넘어야 할 하나의 과제로 여깁니다. 그러한 생각을 여러 사람에게 설득함으로써 힘을 모아 장애물을 넘는 것입니다.

유머와 재미를 잃지 않는 설득의 대가, 리처드 브랜슨

리처드 브랜슨은 영국 최고의 갑부입니다. 그런데 그는 고등학교도 꼴찌의 성적으로 간신히 졸업했습니다. 난독증이 있는 탓에 글도 읽지 못한다고 합니다. 가난한 집안 형편 때문에 고등학교 졸업 후부터는 혼자 벌어서 먹고살아야 했습니다. 그처럼 궁핍했던 사람이 오늘날 세계 모든 사람들이 부러워하는 부자가 된 것입니다.

학력도 짧고, 인물도 평범한 그가 어떻게 그런 대단한 성공을 거둘 수 있었을까요? 그가 학력을 중요시하는 신사들의 나라인 영국에서도 가장 인정받는 사람들 중 하나가 된 비결은 뛰어난 설득력, 남의 말을 잘 들어 주는 겸손함, 그리고 재미있게 말하는 솜씨 덕분이었습니다.

리처드 브랜슨은 카리브의 섬 대부분을 소유한 억만장자이지만 대중들에게는 털털한 서민 이미지로 사랑을 받고 있습니다. 워낙 서민들의 심정을 잘 헤아려 말을 하기 때문입니다. 말을 잘하다 보니 어떻게 하면 사람들의 관심을 끌 수 있는지도 잘 압니다. 새로운 상품을 출시하거나 사업 영역을 확대할 때마다 월 스트리트에 탱크를 타고 나타나는 등 깜짝 이벤트로 이목을 끌기도 했습니다.

자유분방한 성격을 타고난 리처드 브랜슨은 뭐든지 틀에 꽉 조이는 것을 못 견뎌했습니다. 1960년대의 영국 기업계에서는 명문 경영 대학 출신끼리만 사업 정보를 주고받을 뿐 다른 사람들에게는 정보를 주지 않았습니다. 그런 폐쇄적인 태도가 기업 경쟁력을 떨어뜨리는 원인이 되면서 영국은 경제적인 우위를 미국에 내주고 말았습니다.

리처드 브랜슨은 그런 대기업의 폐쇄적인 분위기를 못마땅해했습니다. 그래서 정장과 넥타이로 무장하고는 경영은 자신들만 할 수 있다고 믿는 경영 대학 출신들의 자만심을 소리 높여 비판했습니다. 명문 경영 대학을 나오지 않는 사람들은 리처드 브랜슨의 속 시원한 말을 반갑게 여겼습니다. 리처드 브랜슨은 다른 사람들이 하고 싶어 하는 말을 대신 속 시원하게 해 준다는 것만으로도 큰 인기를 누릴 수 있었습니다.

그는 그 인기를 토대로 투자금을 모으고 사업 기반을 마련했습니다. 그는 친구들 몇 명과 '버진(Virgin)'이라는 이름의 음반사를 설립했습니다. 버진 사는 손님이 원하는 곡을 그 자리에서 채워 주는 형태의 음반을 만들었습니다. 결국 젊은이들의 폭발적인 인기를 얻으면서 세계 50대 기업으로 성장했습니다.

대기업의 시스템을 싫어하는 리처드 브랜슨은 처음부터 작고 사소한 것부터 단계를 밟아서 시작하자는 방침을 세웠습니다. 그는 무엇보다 자기의 사업 방침을 알기 쉽게 설명해서 직원들이 잘 따르게 끔 노력했습니다. 그의 회사는 곧 언론에서도 큰 주목을 받았으며 날이 갈수록 성장했습니다. 그는 점차 여러 분야로 사업 영역을 확장하여, 오늘날 세계적인 대기업인 버진 그룹을 키워 냈습니다.

리처드 브랜슨은 지위가 높든 낮든 상관없이 누구하고든 금세 친해지는 이야기꾼입니다. 리처드 브랜슨은 말단 직원하고도 언제든지 대화했습니다. 한번은 버진 항공사의 한 스튜어디스가, 친한 친구의 결혼식 준비를 도와주다 보니 식장 선택부터 예약, 피로연 준비, 예복 준비, 초청장 발송, 사진 촬영, 신혼여행 계획 등 번거로운 일들이 너무나 많다는 것을 깨닫고 리처드 브랜슨 회장을 찾아가 그런 일을 맡아 해 주는 사업을 하자고 제안했습니다. 그러자 리처드 브랜슨 회장은 그 자리에서 '브라이드'라는 회사를 만들고 그 스튜어디스를 사장으로 임명했습니다.

리처드 브랜슨의 뛰어난 설득력과 남을 유쾌하게 만드는 재주는 무엇보다도 남의 말을 신중하게 귀담아 듣는 자세에서 비롯된 것입니다. 리처드 브랜슨은 남의 이야기를 잘 새겨듣는 능력이야말로 좋은 성적으로 명문대를 나오는 것보다 더 중요한 성공 요령이라는 것을 보여 준 사람입니다. 남의 말을 잘 듣는 것이 말을 잘하기 위한 핵심 요령인 것이지요.

어눌하지만 뚝심 있는 말과 행동, 안철수 교수

우리나라 사람들은 말보다 행동이 앞서는 사람을 좋아하지요. 말만 앞서는 사람은 신뢰를 주지 못하는 탓입니다. 그러나 전 세계적인 추세는 반대입니다. 행동을 완성시키는 것은 바로 말입니다. 미국이나 유럽 등의 경우, 행동이 앞서는 사람보다 말을 잘하는 사람에게 보다 큰 보상과 혜택이 주어집니다.

아직 우리나라는 '말보다 행동' 이라는 인식이 널리 퍼져 있지만 가까운 미래에는 선진국처럼 자신을 있는 그대로 당당히 표현하는 능력이 중요하게 여겨질 날이 올 것입니다.

현재로서는 우리나라 사람 중에서 말을 잘해서 성공했다고 할 만한 사람은 찾기가 쉽지 않습니다. 행동하는 능력을 높이 사는 인식 때문에 말솜씨가 강한 사람이 드문 까닭입니다. 그럼에도 불구하고 말솜씨로 감동을 주는, 우리가 본받을 만한 사람이 있습니다. 그중 한 명이 바로 안철수 교수입니다.

사실 안철수 교수는 매우 어눌한 사람입니다. 우리나라에서 성공했다고 평가받는 다른 이들과 비교를 해 보아도 안철수 교수는 말을 특출하게 잘하는 편은 아닙니다. 그러나 그는 누구보다도 말과 행동을 일치시킵니다. 그리고 매우 겸손하게 말을 합니다. 그리고 말투는 어눌하지만, 자기 분야에 관한 이야기는 누구보다 똑 부러지게 잘합니다.

예전에 인터뷰를 위해 안철수 교수를 만난 적이 있었습니다. 그는 수줍음을 많이 타는 전형적인 모범생 스타일이었습니다. 안철수 교수는 대답하는 속도도 매우 느렸습니다. 인터뷰에서 가장 인상적이었던 것은, 그의 말에 조금도 자기 자랑이 없는 것이었습니다. 느릿느릿하게, 그것도 단답형으로, 안철수 교수는 늘 그렇게 대답했으나 그의 말에는 중요한 이야기가 모두 담겨 있었습니다. 그래서 그와의 대화는 지루하지 않았습니다.

그는 컴퓨터의 미래와 컴퓨터 바이러스의 문제, 컴퓨터 사용자가 지켜야 할 예절 등에 관해 이야기를 했는데, 자기 분야에 대한 이야기를 들려주는 동안 언제나 눈을 반짝거리면서 초보자도 알아듣기 쉽게 말했습니다. 그의 내면에 들어 있는 분명한 자기 고집과 삶의 목표가 엿보였습니다.

느리고 부드럽게 말하지만, 안철수 교수는 결코 순한 사람은 아닙니다. 그의 이력들을 보면 알 수 있습니다. 그는 원래 서울대학교 의대를 졸업한 의학도였습니다. 대학을 졸업한 후에는 의대 교수가 되었습니다. 그러나 그는 어느 순간 모든 것을 박차고 전혀 새로운 분야로 뛰어들어 컴퓨터 바이러스를 치료하는 회사를 설립했습니다.

그뿐만이 아니었습니다. 안철수 교수는 자신이 창업한 회사가 성공 가도를 달리던 때에 최고 경영자 자리를 내놓고 MBA 공부를 위해 미국으로 떠났습니다. 그리고 미국에서 돌아와서는 카이스트 석좌교수로 변신했습니다. 순하고 수동적인 사람은 그런 결단을 내리기 어렵습니다.

그가 의사와 의대 교수직을 그만두고 벤처 회사를 차리려고 하자 주변 사람들은 그를 극구 말렸다고 합니다. 그러한 만류를 뿌리치려면 웬만한 뚝심으로는 불가능하지요. 그의 뚝심은 바로 전문 분야에 대한 자신감과 확고한 표현에서 비롯된다고 생각합니다. 그가 보여주는 이러한 사례들은, 말을 잘하기 위해서는 자기 분야에 관한 최고의 전문가가 되어야 한다는 것을 말하고 있습니다.

자신은 말주변이 없다며 걱정하는 사람들이 많습니다. 평소에는 말을 잘하는데 발표나 토론 등 공식적인 자리에서는 말을 못하겠다며 엄살을 떨기도 합니다. 그런데 말은 유창하게 하는 것만이 잘하는 것이 아닙니다. 안철수 교수의 말처럼, 비록 말투가 어눌해도 자기 주관이 분명하고, 또한 상대가 알아듣기 쉽다면 훌륭한 말이 될 수 있습니다.

말만 잘하고 행동이 뒤따르지 않는 말은 신뢰를 주지 않습니다. 그리고 말은 그럴 듯한데 중요한 내용이 없거나 자기 자랑 일색이라면 듣는 사람이 거북할 수밖에 없습니다. 안철수 교수는 남들이 자신에게 듣고 싶어 하는 말을 쉽고 분명한 말로 할 줄 압니다. 그 이유는 바로, 그가 누구보다도 자신이 말하고자 하는 내용의 전문가이기 때문입니다.

꼭 필요한 말만 하는 달인, 강인선 기자

대부분의 사람들이 자신의 말을 듣는 사람이 제대로 못 알아들을까 봐 걱정합니다. 그래서 같은 말을 반복하거나 장황하게 말하기도 합니다. 그러나 이것은 상대방을 무시하는 행동입니다. 상대방이 내 말을 알아듣지 못할 거라고 전제하는 것이니까요.

자신이 이해를 했는데도 상대가 같은 말을 반복하면 듣는 사람은 바보 취급을 받은 기분이 들고 맙니다. 듣는 사람이 그런 느낌을 받으면 대화가 지속되기 어렵습니다. 대화란 서로가 편안해야 성립됩니다. 듣는 사람이 마음을 닫지 않고 열심히 듣게 하려면 말도 돈을 아끼듯 아껴서 사용해야 합니다. 불필요한 반복 없이 전달하고자 하는 말만 골라서 하는 노력이 필요합니다.

군더더기 없이 꼭 필요한 말만 하는 사람을 소개할까 합니다. 바로 조선일보의 강인선 기자입니다. 어느 날 우연히 그녀가 쓴 책을 보고, 또 그로부터 얼마 후 그녀가 케이블 방송의 인터뷰 프로그램을 진행하는 것을 본 적이 있습니다. 그녀가 인터뷰하는 모습을 보니 특히 필요한 말만 골라서 하는 재주가 돋보였습니다.

대개 글을 쓰는 사람은 생각을 표현하는 방식이 문어(文語)투로 굳어지기 때문에 말은 잘 못한다고 생각하기 쉬운데, 강인선 기자는 말과 글 모두가 뛰어났습니다. 실제로 말과 글의 관계는 바늘과 실처럼 밀접합니다. 머리에 담긴 무수한 정보 중에서 필요한 것만 엮어 상대방에게 전달하는 일을 하는 도구가 말과 글입니다. 그러니 글을 잘 써야 말로도 생각을 깔끔하게 정리할 수 있는 것입니다. 강인선 기자의 글이 군더더기가 없고 간결한 것처럼, 그녀의 말도 그랬습니다.

그녀는 인터뷰에서도 질문을 길게 하지 않습니다. 간단히 묻고 나서 오히려 상대방이 길게 대답하게 만듭니다. 이 점은 오프라 윈프리와 비슷합니다. 하지만 차이가 있습니다. 오프라 윈프리의 말에는 세상의 온갖 험한 일을 다 겪은 50대 여자다운 푸근함이 있고, 강인선 기자이 말에는 엘리트 교육을 빋고 주요 신문사에서 오랫동안 기자로 재직한 경력과 어울리는 긴장감이 있습니다.

어떤 쪽이 좋고 나쁘다고 말하기는 어렵습니다. 중요한 것은 상대방이 마음을 털어놓게 만드는 대화의 기술입니다. 강인선 기자의 장점은 상대방 말을 충분히 들은 뒤에 설명이 부족한 부분만 딱 꼬집어서 되묻는 예리함입니다. 상대방이 핵심을 빼놓고 말한 것을 깨닫게 하기에는 예리한 말 한마디면 충분합니다.

강인선 기자는 서울대학교 외교학과를 졸업하고 세계적인 전문가들이 다니는 하버드대학교 케네디 스쿨에서 공부했습니다. 누군가는 이렇게 생각할 수도 있습니다. 그토록 공부를 많이 한 사람은 말을 잘하는 게 당연하다고. 하지만 공부는 자기 안에 지식을 채워 넣는 일이고 말은 채워진 지식들을 꺼내는 일입니다. 둘은 서로 성격이 다릅니다. 물이 따르는 그릇에 따라 다른 모양으로 흐르듯, 머릿속에 채워 둔 지식도 꺼내는 방식에 따라 전혀 다른 모습으로 변합니다.

사실 알고 보면 공부를 많이 한 사람일수록 잔소리가 많고 같은 말을 여러 번 반복합니다. 상대방 수준을 얕보는 탓에, 말을 여러 번 반복해야만 상대가 자기 말을 이해한다고 믿는 것입니다. 그러나 강인선 기자는 상대방이 자신의 말을 못 알아들을 것이라는 전제를 하지 않습니다. 그러니 딱 할 말만 골라서 할 수 있는 것입니다.

말은 한 인간의 사고방식과 태도, 삶을 바라보는 관점의 결과물입니다. 그래서 말을 잘하려면 삶의 관점을 바꾸어야 합니다. 상대의 이해력을 무시하지 않고 말하는 것. 그것은 말할 때 꼭 지켜야 하는 삶의 관점이라고 할 수 있습니다. 그런 의미에서 강인선 기자의 말하기에서 배울 점이 있습니다.

기회가 된다면 꼭 강인선 기자의 인터뷰 방송을 시청해 보고 그녀처럼 군더더기 없이 말하는 방법을 배워 볼 것을 권합니다. 그렇게 한다면 나중에 대학 입학 면접 시험은 물론 취업 면접에서도 분명히 원하는 점수를 받을 수 있을 것입니다.

말하기 짱의 비법 노트

- 훌륭한 연설은 많은 사람의 마음을 단번에 사로잡을 수 있는 기회를 가져다준다.
- 풍부한 독서가 말하기 실력의 기본기를 만들어 준다.
- 남의 말을 주의 깊게 경청하는 자세가 내 말의 설득력을 키운다.
- 말과 행동을 일치시키면 그 대가로 신뢰를 얻는다.
- 공부는 자기 안에 지식을 채워 넣는 일이고 말은 채워진 지식들을 꺼내 보기 좋게 진열하는 일이다.

PART 02

귀가 아닌
가슴을 향해 말하라

사람들은 남의 경험담을 듣기보다 자기 경험담을 말하고 싶어 합니다. 하지만 다른 사람과 감동을 나눌 수 없고 자기만 도취되는 이야기는 화젯거리로 삼지 말아야 합니다. 문장의 주어를 '나'에서 '너' 또는 '아무개'로 바꾸면 이야기가 자연스럽게 듣는 사람이 공감할 수 있는 내용으로 바뀝니다. 또한 주어를 '나'에서 상대로 바꾸면 껄끄러운 말도 부드럽게 꺼낼 수 있습니다.

01
말하기, 지금부터 다시 시작하라

말하기에 자신이 없는 친구들은 누군가가 말을 시키면 걱정부터 앞섭니다. 무슨 말을 해야 할지 몰라 눈앞이 캄캄해지니까요. 토론이나 발표 준비를 해야 할 때는 걱정이 더욱 커질 것입니다. 말 잘하는 친구들은 하고 싶은 말을 잘도 끄집어 냅니다. 그 친구들을 보면 자신을 초라하게 여기면서 더욱 위축될 수 있습니다.

학교에서 일기를 써 오라는 숙제를 내년 쓸 것이 없다고 투덜대는 친구들이 많습니다. 매일매일이 늘 똑같은데 도대체 뭘 쓰라는 거냐며 짜증을 내기도 합니다. 반면 어떤 친구들은 서너 장씩 꼭꼭 채워 일기를 씁니다. 같은 학교에서 비슷한 시간표대로 하루를 보냈지만 누구는 일기에 쓸 말이 없고 누구는 종이가 넘치게 쓸 말이 많은 것입니다.

말하기도 그렇습니다. 누구는 할 말이 너무 많아서 심지어 수업 시간에까지 잡담을 하다가 선생님에게 들켜 야단을 맞는데 누구는 할 말이 없어서 가끔씩 나누는 대화마저 금세 끊깁니다.

대화의 내용을 풍성하게 만드는 비결은 사소한 일도 열심히 관찰하는 것입니다. 그렇게 하면 바람이 나뭇가지를 움직이는 것만 보고도 할 말이 많아집니다. 말 잘하는 친구들은 대부분 사소한 일도 허술하게 보지 않고 자세히 관찰해 말로 풀어냅니다. 가령 비 온다는 사실만으로도 "오늘은 비가 와서 속이 다 시원하다.", "비가 와서 기분까지 축축하다.", "비가 오니까 입이 심심해서 갑자기 피자 한 판 먹고 싶다."처럼 자신의 감정을 풍성하게 표현합니다. 그러나 말을 잘하지 못하는 친구들은 비가 오면 그저 '비가 오나 보다.'라고만 생각합니다.

생각을 제대로 표현하지 못하는 사람들을 보면, 이전에 친구나 부모님에게 생각을 털어놓았다가 크게 핀잔을 받았거나 모욕을 당한 경험이 있는 경우가 많습니다. 그것이 마음에 큰 상처로 남아 말을 할 때마다 소심해진 것입니다. 하지만 말을 잘하려면 그런 상처들을 마음속에서 몰아내야 합니다.

지금은 말로써 실력과 인격이 증명되는 시대이기 때문에 좋은 아이디어가 제아무리 많아도 말로 표현하지 못하면 실력을 보여 줄 수 없습니다. 언젠가 받은 상처 때문에 소심증이 생겼다고 이해해 주는 사람도 없습니다. 말을 꺼내기 전부터 미리 상대방이 자신의 말을 잘못 알아듣고 화낼까 봐 두려워할 필요가 없습니다. 표현이 서툴러 오해받는 일이 많아도 어떤 말이 오해를 받는지 객관적으로 살피려는 성의가 있으면 차츰 고치는 요령이 생깁니다.

먼저 나의 생각을 오해 없이 정확하게 전달하는 법을 배워야 합니다. 자연스럽게 말을 건네는 법도 필요합니다. 긴장을 풀고 여유를 가지면 주고받기 까다로운 말도 쉽고 편안하게 할 수 있습니다.

말을 못하는 사람과 잘하는 사람은 표현 방법과 태도에서 차이가 납니다. 같은 말이라도 어떻게 표현하느냐에 따라 무례하게 들리기도 하고, 솔직하게 들리기도 합니다. 이유는 간단합니다. 가볍고 편안한 기분으로 말하면 예의 바르고 정중하게 들리기 때문입니다. 이는 말을 잘하는 사람들이 가진 강점입니다.

편안하게 대화하는 것이 쉬운 일은 아니지만 연습을 하면 얼마든지 가능해집니다. 사람은 이루려는 마음을 가지고 꾸준히 노력하면 무엇이든 잘할 수 있습니다. 김연아 선수의 놀라운 점프력과 박태환 선수의 엄청난 스피드도 모두 연습에서 비롯된 것입니다. 훈련을 하면 할수록 기량이 좋아지기 때문입니다.

　말하기도 마찬가지입니다. 제2부에서는 평소에 쉽게 실천할 수 있는 말하기 훈련 방법을 소개할 것입니다. 운동 능력과 마찬가지로 말하기도 꾸준히 훈련해야만 실력이 향상된다는 사실을 잊지 마세요. 그럼 지금부터 하나씩 천천히 훈련을 시작해 봅시다.

안 나오는 말은 나올 때까지 연습하라

　"고맙다.", "미안하다.", "잘못했다.", "용서해라.", "사랑한다."와 같은 흔한 말도 자주 사용하지 않으면 입 밖으로 잘 나오질 않습니다. 그렇다고 속으로만 생각하면 상대방이 내 마음을 알까요? 남의 마음을 꿰뚫어보는 기술이 없는 한 알 수 없을 것입니다. 마음의 생각들을 말로 정확히 표현하지 못하는 것은 말하는 사람과 듣는 사람 모두에게 오해를 만들어 고통스럽게 합니다.

　특히 청소년기에는 학업, 외모, 건강 등 고민거리가 한두 가지가 아닙니다. 고민거리를 털어놓기 쑥스럽다고 누구에게도 의논하지 않고 혼자만 애태우면 병이 나거나 엉뚱한 행동으로 자신과 주변 사람들을 놀라게 할 수 있습니다. 사람은 할 말을 못하고 속에 눌러 두면 감정의 찌꺼기가 내면에서 누적돼 병을 일으키거나 일탈행동을 하게 되어 있습니다. 부모님이나 선생님에게 자신의 고민을 털어놓으면 쉽게 해결할 수 있는데도 말을 꺼냈다가 야단이나 맞을가 봐 혼자 끙끙대면 나중에는 수습하기 어려운 사고로 커지기 쉽습니다.

중학교 2학년인 경만이는 요즘 두 가지 문제 때문에 고민입니다. 하나는 외모입니다. 짝이었던 친구는 갑자기 키가 크면서 맨 뒷자리로 자리를 옮겼습니다. 반면에 경만이는 키가 조금도 자라지 않았습니다. 키는 그대로인데 몸무게만 늘고 있습니다. 아직 심하게 뚱뚱한 정도는 아니지만, 언제 뚱보로 변할지 몰라 여간 고민이 아닙니다.

또 하나의 고민은 친구들과 어울리지 못한다는 것입니다. 경만이는 학교에서 돌아오자마자 학원에 가야 합니다. 학원은 밤 10시에 끝납니다. 집에 돌아와 밀린 숙제를 하다 보면 12시가 훌쩍 넘습니다. 친구들이 학교에서 재미있게 이야기하는 드라마나 연예 프로그램을 볼 시간이 없습니다. 애들하고 수다를 떨려고 해도 통하는 게 없었습니다. 그러자 점차 아이들에게 따돌림을 당하는 기분이 들었습니다. 평일에는 학교와 학원 숙제로 잠잘 시간마저 부족하고, 주말에는 과외를 하느라 바빴습니다. 주말에라도 TV를 좀 보고 싶지만 시간도 없고 부모님에게 들키면 야단만 맞습니다.

한번은 부모님에게 주말에는 TV를 볼 수 있게 해 달라고 말했다가

호된 꾸지람만 들었습니다. 그 후부터는 부모님과 대화하기가 겁이 납니다. 학교에서 왕따를 당해도 털어놓을 수가 없어 혼자서 참고 견디는 중입니다. 어머니와는 "학원 잘 다녀왔니?", "네." 정도의 대화라도 나누지만 아버지와는 그 정도의 대화조차 나눈 지 오래되었습니다. 학교에서 쉬는 시간에 친구하고 잠깐 잡담을 하는 것 외에는 누구하고도 대화할 시간이 없습니다. 그래서 지금은 쉬는 시간이 생겨도 아예 인터넷을 합니다.

경만이가 지금처럼 말을 안 하는 기간이 길어지면 앞으로도 점점 할 말을 못하게 되고 맙니다. 말도 습관입니다. 습관을 들이면 머릿속에서만 맴돌 뿐 입 밖으로 나오지 않습니다. 미안할 때 미안하다는 말을 못하면 무례한 사람으로 오해받고, 고마울 때 고맙다는 말을 못하면 무심한 사람으로 오해받기 쉽습니다. 경만이처럼 친구나 부모님과 말을 나누거나 어울릴 시간이 없다면 혼잣말이라도 열심히 해야 합니다. 그래야 중요한 순간에 말이 목에 막혀 말이 안 나오는 일을 예방할 수 있습니다.

영어로 말하기가 어려운 이유는 평소에 사용할 기회가 적기 때문이지요. 외국어만 그런 것이 아니라 우리말도 마찬가지입니다. 아무리 늘 듣는 모국어라도, 자주 소리 내서 말하지 않다 보면 말을 하려고 해도 입이 잘 안 떨어져 외국어를 하려고 애쓸 때만큼이나 어색하게 될 수가 있습니다.

그러니 말을 자연스럽게 잘하려면 말을 입 밖으로 소리 내서 해 보는 연습을 많이 해야 합니다. 미국 CNN 방송의 유명한 앵커인 래리 킹은 어린 시절에 스스로 그러한 훈련을 했습니다. 그는 뉴욕의 빈민가 브루클린에서 자랐는데, 그 동네에는 같이 놀 친구가 적었습니다. 부모님은 늘 일을 하느라 바쁘고 어울릴 친구도 없자 그는 맨해튼으로 들어가는 브루클린 다리 위로 올라가서 지나가는 자동차

를 구경하며 혼자 중계방송을 했습니다. 처음에는 어색했지만 점차 재미가 붙었습니다.

브루클린 다리 밑으로는 전 세계에서 수입된 다양한 자동차들이 지나다녔습니다. 그 많은 자동차들을 구분하고 생김새를 설명하면서 혼자 중계방송을 하다 보면 어느새 어두워져 있곤 했습니다. 래리 킹은 그때 닦은 말솜씨 덕분에 훗날 미국 최고의 방송인이 되었고, 클린턴 전 미국 대통령을 비롯해 고르바초프 전 소련 대통령 등 전 세계의 유명 인사들을 초청하는 토크쇼의 진행자가 될 수 있었습니다.

변변한 대학조차 못 나온 그가 세계적인 명사들이 다투어 출연하고 싶어 하는 토크쇼의 진행자가 되었으니 대단한 성공을 거둔 것이지요. 만약 그가 집안은 가난하고 부모님도 잘 돌봐 주지 않는 데다 친구조차 없는 것을 비관하여 입을 다물고 살았다면 그의 운명은 정말로 크게 달라졌을 것입니다. 래리 킹은 무엇보다도 잘 안 나오는 말도 연습하면 말문이 트인다는 사실을 자신의 경험을 통해 증명한 사람입니다.

먼저 다가가 말을 걸어라

태어나면서부터 알고 지낸 사이란 없습니다. 부모 형제 이외에는 모두가 낯선 타인인 것입니다. 살면서 이런 저런 인연으로 만나 여러 일을 함께 겪으면서 친해지는 것이지 타인과 처음부터 가까운 사람은 없습니다. 그래서 어떤 관계든 늘 첫 만남이 있는 법입니다. 첫 대면을 두려워하면 상대방과 친해지기가 힘듭니다. 첫 만남의 두려움을 이기는 가장 좋은 방법은 내가 먼저 처음 만난 사람에게 먼저 말을 거는 것입니다.

새 학년이 되었을 때 호감 가는 친구가 보이면 먼저 다가가 말을 붙여 보세요. 학년이 끝날 때까지 그 친구와 가장 친하게 지낼 수 있을 것입니다. 다가오는 친구만 사귀면 주도적인 사교를 하기가 어렵습니다. 정작 맘에 드는 친구와는 사귀지 못하고, 그저 무리와 자주 어울리는 친구만 많아 질 것입니다.

학교에서 잘 관찰해 보세요. 인기가 많은 친구들은 남이 자신을 친구로 고를 때까지 기다리는 것이 아니라 자기가 먼저 친해지고 싶은 사람에게 다가간다는 사실을 발견할 수 있을 것입니다. 내가 먼저 다가가 말을 걸면 자존심을 굽히는 것 같은가요? 천만의 말씀입니다.

본인이 소심하다고 생각하는 만큼 다른 친구들도 소심합니다. 내가 먼저 다가가 말을 걸면 상대는 귀찮아하는 것이 아니라 오히려 고마워합니다. 내가 먼저 말을 걸어 주길 기다렸던 친구라면 더더욱 금세 마음을 열고 친구가 되려고 할 것입니다.

외톨이로 지내는 것은 너무나 슬픈 일입니다. 만약 학교에 친하게 놀 친구가 없다면 너무 외롭고 학교 가는 것조차 싫을 것입니다. 사람들은 사회에 나와서도 정말로 하고 싶은 내밀한 이야기는 학창 시절의 친구들을 만나 나눕니다. 회사에서 받은 스트레스도 학교 때 친구들에게 털어놓으며 풀곤 합니다. 따라서 학교 다니는 동안 먼저 다가가 말을 붙이지 못해 친구를 사귀지 못하면 사회생활을 할 때도 여전히 외로움을 느끼게 됩니다.

게다가 직장에서는 외톨이를 환영하지 않습니다. 사회 생활을 하다 보면 가급적 많은 사람들에게 도움을 받아야 일 처리를 잘할 수 있다. 그런데 친구 사귀는 기술이 부족하면 팀워크를 발휘할 수가 없기 때문입니다.

창업을 한다고 해도 마찬가지입니다. 창업이야말로 친구가 많아야 성공할 수 있습니다. 빌 게이츠나 스티브 잡스 같은 부자들 역시 개인의 능력도 능력이지만 다른 이들보다 사람을 잘 사귀어서 성공했다고 할 수 있습니다.

스티브 잡스는 불과 스물한 살의 나이에 애플 사를 설립하면서 펩시콜라의 사장인 존 스컬리를 영입했습니다. 스티브 잡스는 어린 나이인데도 배짱 좋게 존 스컬리에게 전화를 걸어 같이 일을 하자고 말했습니다. 대기업의 사장이었던 존 스컬리는 당연히 이제 갓 스물을 넘긴 청년이 세운 신생 기업으로 옮기는 것을 망설였습니다.

스티브 잡스는 친분이 있는 것도 아닌 스컬리에게 당당하게 말했습니다.

"평생 설탕물이나 팔면서 살고 싶으십니까? 아니면 세상을 바꾸고 싶으십니까?"

존 스컬리는 그 말 한마디에 마음이 움직여 대기업 사장 자리를 버리고 신생 기업인 애플로 옮겼습니다. 그리고 존 스컬리의 활약으로 애플 사는 놀랄 만큼 성장했습니다.

낯선 사람에게 말을 거는 일은 처음에는 어렵겠지만 한 번 해 보고 나면 그다음부터는 별로 어렵지 않다는 생각이 들 겁니다. 새로운 학원에 등록을 했거나 학년이 바뀌면서 새로운 친구와 만나게 되었을 때, 누군가가 다가와 말을 걸 때까지 기다리지 말고 먼저 다가가 말을 걸어 보세요. 낯선 사람도 친구로 만드는 자신감이 생길 것입니다.

서양 사람들 중에도 숫기 없는 사람은 상당히 부끄러움을 탑니다. 그러나 서양 사람들은 먼저 다가가 인사하는 훈련을 우리보다 많이 받습니다. 그래서 숫기 없는 사람도 누군가를 만나면 먼저 말을 걸고 서로 통성명을 합니다.

아마 영화에서 한 번도 본 적 없는 사람들끼리 눈앞에 벌어지는 일로 한참 수다를 떨다가 서로 이름을 알려 주며 악수하는 장면을 많이 보았을 것입니다. 그렇게 해서 이야기가 잘 통하면 바로 친구가 되기도 합니다. 그런 훈련이 되어 있기 때문에 미국의 청소년들은 여행지에서 처음 만나 사귄 사람 집에서 잠을 자고 숙박비를 아끼기도 합니다. 그것이 바로 오늘날 미국을 이끄는 큰 힘 중에 하나라고도 할 수 있습니다.

오늘부터 당장 용기를 내서 새로운 사람에게 먼저 다가가 인사를 해 보기 바랍니다. 그때부터 행운이 따라올 것입니다.

사소한 것도 자세히 관찰해 말로 풀어내라

말을 잘하는 사람들은 사소한 것 하나만으로도 하루 종일 재미있게 이야기를 풀어 갑니다. 개미가 방 안에 지나가는 상황을 가지고도 할 말이 많습니다.

"그 개미가 중간에 뒤를 힐끔 돌아보는 거 있지. 나는 개미가 나를 쏘아 보는 줄 알고 깜짝 놀랐어. 다행히 나를 쏘아 본 것은 아니었나 봐. 잠시 주춤거리더니 한숨을 한 번 푹 쉰 다음에 다시 열심히 앞으로 가더라."

말만 들어도 개미가 지나가는 모습이 생생하게 그려지지요?

말은 뇌에 입력된 정보를 기호로 풀어내는 일입니다. 입력된 정보가 부족하면 할 말이 적을 수밖에 없습니다. 책을 많이 읽어 해박한 지식을 갖추거나 사소한 사건이나 현상도 자세히 관찰해야 흥미로운 이야기가 만들어지는 것입니다. 사물을 자세히 관찰하고 그것을 영상을 재생하듯 말로 설명하는 것이 말 잘하는 비법이라고 할 수 있습니다.

어릴 때부터 사물을 자세히 관찰해 뇌에 입력하는 습관이 말을 잘하게 만듭니다. 물론 뇌에 입력된 정보들을 미리 찍어 둔 영상을 되감기해서 보듯 말로 풀어내는 능력은 별개의 것입니다. 이러한 능력들은 모두 후천적으로 기를 수 있습니다. 말을 잘하는 사람은 이 두 가지 능력을 훈련으로 기른 사람들입니다. 링컨이나 케네디도 후천적인 노력으로 말을 잘하게 되었지요. 말을 잘하고 싶은 열정만 있다면 링컨이나 케네디만큼 말을 잘할 수 있습니다.

가장 적은 시간을 들여 효과적으로 말솜씨를 기르는 방법을 살펴볼까요? 하루 일과 중 사소한 것 하나만 정해 집중적으로 관찰한 다음, 영상을 재생하듯 말로 재생해 봅시다.

예를 들면, 우선 그날 길거리에서 본 풍경이나 통학 버스 안에서 본 어떤 승객의 모습, 학원 선생님의 제스처 같은 것 중에서 한 가지만 고릅니다. 그다음에는 선택한 장면을 자세히 떠올리면서 혼자 중계방송을 하는 것입니다.

혼자 중얼거리는 것이 민망하다면 휴대 전화의 통화 버튼을 누르지 않은 채 말해 보세요. 한결 마음이 편안할 것입니다. 그래도 어색하다면 수첩을 꺼내 놓고 그림을 그리듯 이야기를 적어 보세요. 그러한 훈련을 매일 5분 정도씩 반복하면 곧 말하기에 자신감이 붙을 것입니다. 사물을 자세히 관찰하는 태도까지 길러질 수 있으니 학교 공부에도 큰 도움이 될 것입니다. 사소한 것까지 자세히 관찰하고 분석하는 훈련은 유사한 다른 것들을 깨우치는 데도 도움을 줍니다.

아무리 말솜씨가 비상한 사람도 사물이나 사건을 건성으로 보면 전하는 말의 내용도 건성일 수밖에 없습니다. 듣는 사람은 현장 상황을 모르기 때문에 건성으로 말하면 이해하기 힘듭니다. 건성인 말은 들어도 실감이 나지 않습니다. 따라서 말을 잘하고 싶으면 사물이나 상황을 자세히 관찰하고 기억에 정확하게 입력하는 훈련부터 해야 합니다.

말할 기회가 생기면 절대 놓치지 마라

발표 숙제가 너무나 싫다는 친구들을 많이 봅니다. 친구들하고 잡담할 때는 재미있게 말을 잘하는데도 학교에서 발표 숙제만 내주면 끔찍하게 싫다는 표정을 짓습니다. 발표를 싫어하기는 어른들도 마찬가지입니다. 여러분의 부모님도 직장에서 프레젠테이션을 준비하려면 피 말리는 고통을 느낀다고 호소합니다.

사람들은 왜 그렇게 발표를 두려워할까요? 자기 생각을 솔직하고 정확하게 말하기만 하면 되는데 뭐가 걱정일까요? 짧은 시간에 자기 생각을 간결하고 명쾌하게 표현하는 것이 쉽지 않기 때문입니다. 발표란 단지 혼자 말하고 여러 사람이 듣기만 하는 것이 아닙니다. 발표란 청중들이 모두 내가 한 말을 내 의도대로 정확하게 받아들이도록 하는 일입니다. 발표 숙제는 그런 능력을 길러 주는 훈련입니다.

부모 자식 간, 형제자매 간에도 사는 방법이 다르고 세상 보는 방법이 다르기 때문에 같은 말도 다르게 듣는 경우가 많습니다. 선의로 한 말이 악의로 해석되어 오해가 생기고 갈등이 일어나는 경우가 얼마나 많은지 모릅니다. 어쩌면 발표를 두려워하는 사람들은 그런 말의 속성을 너무나 잘 알고 있는지도 모릅니다. 그러나 너무 두려워할 필요는 없습니다. 노력을 기울이면 듣는 사람이 엉뚱하게 해석하지 않도록 생각을 정확하게 표현할 수 있습니다.

인간은 세상의 모든 불가능한 일도 가능하게 하는 놀라운 힘을 가지고 있습니다. 꾸준히 연습을 하면 못할 것이 없습니다. 생각해 보세요. 박지성 선수는 축구 선수가 되기에는 가장 치명적인, 평발을 가지고 태어났습니다. 그런 약점에도 불구하고 하루 18시간씩 패스 연습을 해서 멀쩡한 발을 가진 선수들보다 뛰어난 기량을 길렀습니다. 지금은 아시아 출신으로는 가장 오래 유럽의 프리미어 리그에 남아 있는 선수가 되었습니다. 피겨의 여왕 김연아 선수 역시 새처럼 가벼운 몸매를 타고나지는 않았지만 먹고 싶은 것, 입고 싶은 것을 다 잊고 매일 연습해서 세계적인 선수가 되었습니다.

사람은 타고난 재능도 갈고닦아야만 빛을 발할 수 있습니다. 또한 타고난 약점은 연습으로 극복할 수 있습니다. 말하기도 그렇습니다. 타고난 말재주가 있는 사람도 실력을 갈고닦지 않는다면 수다는 잘 떨지 몰라도 발표는 조리 있게 하지 못할 것입니다. 박지성 선수나 김연아 선수처럼 최고의 목표를 향해 연습하고 훈련한다면 분명말로 세계를 재패할 만한 실력을 갖출 수 있습니다.

말하기는 축구 선수나 피겨 스케이팅 선수처럼 특정한 사람에게만 필요한 능력이 아닙니다. 말하기 실력은 일상생활의 행복과 불행, 성공과 실패, 갈등과 평화를 좌우하기 때문에 반드시 훈련을 해야 합니다. 발표 기회가 생길 때마다 뒤로 물러서지 말고 열심히 경험을 쌓으세요.

중학교 2학년인 최민서 양은 키가 작아서 교실에서 맨 앞자리에

앉았습니다. 민서의 키는 초등학교 때까지만 해도 큰 편이었습니다. 그런데 친구들의 키가 자라는 동안 민서의 키만 자라질 않았습니다. 중학생이 되어서는 반에서 가장 키 작은 아이가 되어 버렸습니다.

키 작은 아이가 되자 친구들이 얕잡아 보고 무시하는 것 같아 속상했습니다. 늘 앞자리인 탓에 선생님의 눈에 잘 띄어 수업 시간에 질문을 자주 받는 것도 속상했습니다. 친구들을 즐겁게 해 주는 재주도 없다 보니 더욱 소외당하는 것 같았습니다. 날이 갈수록 학교 가는 재미가 없어졌습니다.

의기소침해진 민서의 고민을 알게 된 어머니가 제안을 하나 하셨습니다. 발표 준비를 잘해서 친구들의 주목을 끌어 보라는 것이었습니다. 민서가 망설이자 어머니는 교회 같은 데서라도 발표할 기회가 생기면 망설이지 말고 앞에 나가서 발표를 해 보라고 했습니다. 처음에는 할 수 있을까 싶었지만 워낙 어머니가 간곡하게 말씀하시니 한번 해 보기로 했습니다.

민서는 연습을 많이 한 다음 교회 청소년부 시간에 발표를 했습니다. 엉망으로 한 것 같았는데 모두들 박수를 쳐 주었습니다. 그때부터 발표가 조금 쉽게 느껴졌습니다. 점점 교회에서 비중 있는 발표도 맡게 되었습니다. 그러다가 학교에서 발표 숙제를 내 주었습니다. 민서는 자기가 앞에 나가서 발표를 해 보겠다고 말했습니다. 아이들은 조그맣고 의기소침한 민서가 나서서 발표를 하겠다고 하자 처음에는 비웃었습니다.

교회에서 실력을 쌓아 온 민서는 발표를 멋지게 잘 해냈습니다. 그러자 그 후부터는 아무도 민서의 작은 키를 얕잡아 보지 않았습니다. 게다가 앞에 나가 발표를 할 학급 대표를 뽑을 때마다 친구들은 민서를 추천했습니다. 드디어 민서는 발표 실력으로 반 아이들을 휘어잡게 된 것입니다.

민서가 부럽지 않은가요? 부러워만 하지 말고 한번 따라해 보세요. 발표할 기회가 생길 때마다 놓치지 않고 경험을 쌓는다면 누구든지 머지않아 민서처럼 될 수 있으니까요.

자기가 한 말을 녹음해서 들어 보아라

사람들은 거의 종일 말을 합니다. 그래서 때로는 자기가 무슨 말을 했는지 정확히 기억하지 못하곤 합니다. 평소에 잘 지내던 친구가 어느 날 이유 없이 화가 났다면, 내가 별생각 없이 던진 말에 상처를 입었는지도 모릅니다. 그런데 어떤 말 때문에 친구가 상처를 받았는지 스스로 알아내기는 어려울 것입니다.

반대로 친구가 무심코 던진 말에 내가 그런 기분을 느껴 본 적도 있을 것입니다. 친구가 나에게 기분 나쁜 말을 하고도 아무렇지 않게 대한다면, 그 또한 자신의 말을 기억하지 못하기 때문입니다. 하지만 남에게 상처가 되는 말을 불쑥 던지고도 기억도 못 하고 사과도 하지 않는다면 어떻게 될까요? 친구들이 나와 어울리지 않으려고 할 것입니다.

말하기는 습관입니다. 평소에 남의 기분이 상하지 않도록 말하는 습관이 되어 있으면 불쑥 하는 말도 도를 지나치지 않습니다. 그러나 남의 기분을 고려하지 않고 말하는 습관이 굳어지면, 본의 아니게 상대방이 내 말에 상처받는 일이 생깁니다. 그리고 자기가 무슨 말로 상대방에게 상처를 주었는지조차 알지 못하다가 사이가 더욱 나빠집니다. 말로 생긴 오해는 한 번 생기면 부쩍부쩍 커집니다. 나중에는 되돌릴 수가 없게 됩니다.

고등학교 1학년 창민이는 운동 신경이 둔해 체육시간만 되면 고통스럽습니다. 체육시간에 태권도를 배우고 있는데 자기만 따라가지 못해서 늘 선생님에게 호되게 야단을 맞습니다. 그런데 선생님은 창민이만 혼내는 것이 아니라 매번 창민이가 서 있는 줄 전체를 혼냅니다. 단체 기합을 주시는 겁니다. 창민이가 실수를 해서 잘못이 없는 친구들까지 혼나는 일이 자주 생기자 친구들은 창민이와 같은 줄에 안 서려고 이리저리 피해 다녔습니다.

그러던 어느 날, 반에서 싸움을 제일 잘하는 지혁이가 창민이에게 심한 욕을 했습니다. 멍청하고 양심도 없는 자식이라고 욕을 하더니 맨 뒤에 혼자 서라고 소리를 질렀습니다. 지혁이가 그런 말을 한 뒤부터는 체육시간마다 아이들도 대놓고 창민이를 피했습니다. 그때부터 창민이는 누구하고도 대화할 자신이 없어 점점 입을 다물고 살게 되었습니다.

지혁이는 원래 입바른 소리를 잘하는 친구였습니다. 지혁이가 그렇게 말한 것은 창민이가 싫어서라기보다 매번 같이 혼나는 게 억울해서 해 본 말이었습니다. 지혁이는 체육시간 외의 다른 시간에는 창민이에게 농담도 잘 건네곤 했습니다. 그러나 한번 상처를 받은 창민이는 지혁이가 아무리 살갑게 굴어도 마음이 불편하기만 했습니다. 그래서 자기도 모르게 점차 지혁이를 피해 다녔습니다.

반 친구들도 체육시간 이외에는 창민이와 가깝게 지내려고 했습니다. 하지만 창민이는 반 친구들 모두가 자기를 싫어한다고 생각하고 스스로 고립되어 갔습니다. 예전에는 반 아이들과 잘 지내는 편이었습는데 체육시간에 지혁이에게 들은 말 한마디로 자신감을 잃으면서 뭐든지 부정적으로 해석하는 버릇이 생기고 말았습니다. 이처럼 불쑥 뱉은 말 한마디는 상대에게 생각지도 못한 상처를 줄 수 있습니다.

　그렇다면 불쑥 말을 뱉어 남에게 상처 주는 습관은 어떻게 고쳐
야 할까요? 간단한 방법이 있습니다. 자기가 했던 말을 녹음해서 들
어 보는 것입니다. 주머니에 소형 녹음기를 넣고 다니면서 친구들과
대화한 것을 녹음해 봅시다.

　집에 와서 녹음기를 틀어 보면 스스로도 깜짝 놀랄 것입니다. '내
가 친구에게 이런 말을 하다니.', '나 같아도 저런 말 들으면 기분
나쁘겠다.'라는 생각이 들 것입니다. 일주일에 두세 번씩 자기가 한
말을 녹음해서 들어 보는 것만으로도 자기도 모르게 남에게 말로 상

처를 주는 습관을 고칠 수 있습니다.

나쁜 습관을 좀 더 빨리 고치려면 녹음했던 말들을 노트에 적은 다음에, 지우고 싶은 부분을 붉은 글씨로 표시하는 훈련을 반복하는 것이 효과적입니다. 이런 작업을 하는 동안 자신의 고약한 말버릇들은 뇌에 각인됩니다. 이러한 훈련을 꾸준히 하면, 불쑥 말을 하더라도 상대방의 기분을 배려해 말할 줄 알게 되면서, 누구든지 친구로 사귈 수 있는 사교적이고 자신감이 넘치는 사람이 될 것입니다.

말할 콘텐츠를 많이 확보하라

말을 잘하려면 아는 것이 많아야 합니다. 이는 학교 공부를 잘해야 한다는 것이 아닙니다. 잡다한 일상사와 놀이에 대해 관심이 넓어야 한다는 말입니다. 말 잘하는 사람들은 대부분 놀랄 만큼 별 시시콜콜한 것을 다 알고 있습니다. 그만큼 세상일에 대해 두루 호기심이 많고 열정도 많다는 뜻입니다.

사람의 두뇌는 컴퓨터와 비슷합니다. 컴퓨터도 CPU에 좋은 정보가 많이 저장되어야만 유용하듯 인간의 두뇌도 입력된 정보가 많아야 쓸모가 많아집니다. 말이란 단순히 소리를 내는 것이 아닙니다.

두뇌에 저장된 정보들을 가공해서 보기 좋게 나열하는 것입니다. 머리에 저장해 둔 정보들이 많다면 가공되어 나오는 이야기도 풍성해질 것입니다. 머리에 들어 있는 정보가 빈약하면 이야기 소재가 빈곤해지는 것은 당연합니다.

말을 하는 중요한 목적은 상대방에게 자기 뜻을 설득하는 것이지만, 때로는 그저 즐거워지려고, 심심한 것이 싫어서 말을 하기도 합니다. 그럴 때 누군가가 재미있는 이야기를 들려주면 기분이 좋아지면서 상대에게 호의를 갖게 됩니다. 그런 호의가 쌓이면 친밀한 인간관계로 발전합니다. 따라서 사람들이 흥미를 가질 만한 정보를 많이 가지고 있으면 호의를 얻기도 쉽습니다.

서양인들 중에는 처음 만나는 사이임에도 십년지기처럼 즐겁게 대화를 나누는 사람들이 많습니다. 서양인들이 가장 즐기는 놀이가 대화라고 해도 과언이 아닐 정도입니다. 그들은 자기가 아는 잡다한 상식을 대화의 재료로 풍성하게 활용합니다.

외국의 한 식당에서 처음 보는 서양인들과 합석을 했는데, 그들은 내가 낯선 사람인데도 쉬지 않고 말을 건넸습니다. 그들의 대화 소재는 끝이 없었습니다. 먹고 있는 요리만으로도 이야기가 술술 흘러나왔습니다.

예를 들면, 열대 식물 잎을 말린 향료인 베이즐은 어느 지역 것이 가장 좋고, 말릴 때는 어떤 식으로 말려야 하고, 보관은 어떻게 해야 하는지를 거의 전문가 수준으로 말하는 것이었습니다. 어떤 생선과 궁합이 맞는 양념은 무엇이며, 술은 어떤 종류가 어울리는지 등의 이야기가 끝도 없이 나오기 때문에 낯선 사람과 합석을 해도 할 말이 많을 수밖에 없었습니다. 그들은 여러 양념과 식재료 뿐 아니라 요리 방법, 먹는 방법, 식품의 유래 등 거의 요리사 수준의 이야기들을 많이 알고 있었습니다. 그러니 차려진 음식 이상으로 대화가 풍성할 수밖에 없었지요.

그들은 그만큼 대화의 소재를 많이 저장해 두었던 것입니다. 그러한 지식은 학교 공부만 해서는 모을 수가 없습니다. 공부 잘하는 것과 말을 잘하는 것은 별개의 일입니다. 공부를 잘하건 못하건, 자투리 시간에도 온갖 잡다한 것들에 대한 호기심을 불태우는 사람이 말도 잘합니다. 관련된 책이나 인터넷, 방송 등을 통해 정보를 수집해 두었다가 기회가 되면 대화의 소재로 풀어놓는다면 대화가 저절로 풍성해집니다.

사실 대화는 공부하는 것만큼이나 별도의 시간과 정성을 투자해야 잘할 수 있습니다. 이런 때는 이렇게 말하고 저런 때는 저렇게 말하라는 것을 알려 주는 단편적인 대화 기술만으로는 대화를 잘할 수 없기 때문입니다. 진정 타인의 관심을 사로잡는 대화를 하기 위해서는 머릿속에 저장된 대화 콘텐츠가 풍성해야 하는 법입니다.

물론 청소년기에는 대학 입학 시험이 최대의 관심사일 것입니다. 그러나 대화를 잘할 수 있는 능력을 기르는 것이 그것 못지않게 중요하다는 것을 알아야 합니다. 불과 몇 년 후부터는 현재의 친구들만이 아니라 지구촌 곳곳의 많은 사람들과 어깨를 나란히하고 경쟁하며 살아야 합니다. 그때를 위해서라도 지금부터 다양한 대화 콘텐츠를 확보해 두는 노력이 필요합니다. 그때 낯선 사람과 밥을 먹으면서도 재미있게 이야기를 펼칠 수 있는 사람이 글로벌 시대의 승자가 될 수 있을 것입니다.

말하기 짱의 비법 노트

- 사소한 일도 열심히 관찰해 두면 대화가 풍성해진다.
- 말을 입 밖으로 소리 내서 하는 습관을 가져야 말이 자연스러워진다.
- 첫 만남의 두려움을 이기는 가장 좋은 방법은 자기가 먼저 말을 거는 것이다.
- 일주일에 두 세 번씩 자기가 한 말을 녹음해서 들어 보자. 자기도 모르게 남에게 말로 상처를 주는 습관이 고쳐진다.
- 자투리 시간에도 온갖 잡다한 것들에 대한 호기심을 불태우는 사람이 말도 잘한다.

02

듣는 사람이 즐거워할 말을 해라

'아' 다르고 '어' 다르다는 속담이 있습니다. 말은 그것을 어떤 방식으로 하는가에 따라 완전히 다른 의미로 변한다는 뜻입니다. 말은 내 입을 떠나면 더 이상 내 것이 아닙니다. 그 말을 해석해서 가져갈 권리는 나에게 있지 않습니다. 말을 해석할 권리는 듣는 사람에게 있습니다. 그래서 말하는 사람이 멋지다고 생각하는 말도 듣는 사람이 지루한 말로 받아들이면, 그 말은 지루한 말이 되는 것입니다.

말은 하는 사람과 듣는 사람이 서로 다르게 해석할 수 있기 때문에 말싸움이 일어나는 것입니다. 오해가 생기지 않도록 나의 의도를 잘 전달해야 갈등을 막을 수 있습니다.

듣는 사람이 좋아할 이야기를 찾아라

듣기 싫은 말을 들으라고 강요하는 것보다 무례한 행동은 없습니다. 듣기 싫다는 눈치를 보내는데도 계속 자기 말만 하는 사람하고는 누구라도 더 이상 말을 섞기가 싫을 것입니다. 물론 열심히 말하다 보면 상대방의 기분을 눈치채지 못하고 혼자 신바람을 내며 말할 수 있습니다. 하지만 대화는 듣는 사람이 계속 듣고 싶어 하는지 그만 듣고 싶어 하는지를 파악해서 거기에 맞추어 말을 해야 성립이 됩니다. 상대방이 듣고 싶어 하지 않는 이야기, 상대방이 관심조차 없는 이야기는 빼고 말하는 것이 말하기의 기본 매너입니다.

상대방이 듣고 싶어 하지 않는데도 혼자 도취돼 열심히 말하다가 뜻밖의 상처를 받을 수도 있습니다. 듣던 사람이 "에이 재미없어. 썰렁해."라고 핀잔을 주면 무안해지지 않을 수 없을 것입니다. 마음이 약한 사람은 그 말에 상처를 받아서 말하기에 자신감을 잃을 수도 있습니다. 그러니 자신을 위해서도 상대방이 듣고 싶어 하는지 그렇지 않은지를 살피며 말하는 것이 좋습니다.

고등학교 2학년인 한웅진 군의 이야기를 들어 볼까요? 웅진이는 마음이 여리고 소심하다고 생각합니다. 친구들의 사소한 말에도 잘 상처받고 선생님이나 부모님에게 조금만 싫은 소리를 들어도 얼굴이 하얗게 질리곤 했습니다. 친구들이 주변에 모이는 것조차도 불편했습니다. 재미있는 이야깃거리가 있어도 긴장이 돼 입이 열리지 않습니다. 아이들 역시 그런 태도가 불편해 웅진이와 대화하는 것을 달가워하지 않습니다.

웅진이가 원래부터 소심했던 것은 아닙니다. 초등학교 때까지는 오히려 활달한 아이였습니다. 그런데 중학생 때 삼촌이 선물로 준 '건담' 최신 모형을 친구들에게 자랑하다가 크게 면박을 당하고부터 말하기에 자신감을 잃게 되었습니다.

웅진이는 너무 신이 나 친구들이 그만 자랑하라는 신호를 보내는데도 무시했습니다. 결국 아이들은 웅진이의 말을 무시하고 다른 이야기만 했습니다. 웅진이는 친구들이 자기 이야기에 동조하지 않는다는 것을 알고는 크게 상처를 받았습니다.

하루는 학교 끝나고 우연히 친구 셋이서 같이 집에 가게 되었는데, 한 친구가 자기한테는 물어보지도 않고 다른 친구들에게 포켓볼을 치러 가자고 했습니다. 웅진이는 자기도 끼고 싶었지만 차마 물어보질 못했습니다. 그리고 친구들이 자기만 무시한다고 오해하며 더욱 상처를 받았습니다.

웅진이는 친구들이 점점 더 자신을 무시한다고 생각했습니다. 자기들끼리만 수다를 떨고, 자기들끼리만 분식집을 간다고 생각했습니다. 친구들끼리 모여서 영화관이나 PC방을 갈 때도 자신만 빼놓는 것 같았습니다. 웅진이는 따돌림을 당하는 기분이 들자 더더욱 친구들에게 말을 걸기가 겁이 났습니다.

그런데 사실 친구들이 웅진이를 그렇게 대한 것은 웅진이가 싫어

서가 아니었습니다. 반대로 웅진이가 자기들을 싫어한다고 생각해서였습니다. 서로의 오해가 깊어졌던 것입니다.

웅진이가 지금의 상황을 예전처럼 바꾸려면 자신이 먼저 친구들에게 매너 있게 말하며 다가가는 노력을 해야 합니다. 자기가 하고 싶은 말이 아니라 친구들이 듣고 싶어 하는 말을 건네는 것이 매너 있는 말하기입니다. 대화하기가 어색하다고 해서 아무런 노력도 하지 않고 외로운 학창시절을 보내면 상황은 더욱 나빠집니다. 대학에 들어가고 사회인이 되어서도 주변 사람들에게 매너 없는 사람으로 인식될 것입니다. 다른 친구들이 어떤 말을 하면 재미있어하는가를 관찰하고, 모두가 즐거워할 이야기 소재를 찾는 노력을 한다면 곧 인기 있는 학생이 될 것입니다.

상대방이 좋아하건 말건 내가 관심 있는 것, 내가 좋아하는 것만 말하다 보면 나중에는 그 말을 들어 줄 사람이 없어질 것입니다. 결국 외톨이가 되고 마는 것입니다. 그런데 대개 그 외톨이들은 자신의 말하기에 문제가 있다는 생각은 하지 못합니다. 나와 말하지 않으려는 다른 친구들이 못됐다고만 생각합니다.

상대방은 영화보다 스포츠를 좋아하는데 영화 이야기만 하거나, 상대방은 시사 프로그램을 좋아하는데 드라마 이야기만 한다면 당연히 내 이야기에 흥미를 느끼지 못할 것입니다.

학교에서 인기가 많은 친구를 한번 보세요. 언제나 다른 친구들이 듣고 싶어 하는 말을 하고 있을 것입니다. 이야기 하나만으로 금세 관심을 한 몸에 받게 되죠.

상대방의 비위를 맞추라는 말이 아닙니다. 상대방의 관심사가 무엇인지 관찰하는 배려심을 가져야 한다는 말입니다. 재미있는 주제로 대화를 이끈 후에 내 생각을 전달하면 기대보다 큰 효과를 거두게 될 것입니다.

'나'보다 '너'를 더 많이 사용하라

앞에서도 말했듯이 자기 이야기만 늘어놓는 사람의 이야기를 재미있게 들어 줄 사람은 없을 것입니다. 공감할 수 없는 이야기에 귀를 기울이는 사람은 없습니다. 자기 말만 하는 것은 정말로 매너 없는 짓입니다. 대부분 사람들은 남의 경험담을 듣기보다 자기 경험담을 말하고 싶어 합니다. 자기와 비슷한 경험, 비슷한 느낌을 말하면 들으면서 이야기에 동화가 되시만 그렇지 못할 경우 이야기에 흥미를 느끼기 어렵습니다. 공감할 수 없는 나만의 경험은 이야기 소재로 적합하지 않습니다.

문장의 주어를 계속 '나'로 하다 보면 자기만의 경험만 말하기 쉽습니다. 그러나 주어를 '너' 또는 '아무개'로 하면 내 이야기를 하더라도 대화 중에 저절로 듣는 사람이 공감할 수 있는 이야기로 흘러갑니다. 또한 주어를 '나'에서 상대로 바꾸면 껄끄러운 말도 부드럽게 나옵니다.

우리가 친구들과 아무리 친하게 지낸다 해도 가끔은 서로 섭섭한 일이 생기기도 합니다. 어쩌다 서먹서먹해지면 내가 먼저 말을 꺼내기가 쉽지 않을 테지만 그래도 용기를 내서 말해야 합니다. 그래야만 오해가 풀리고 관계가 다시 회복됩니다. 그런데 많은 사람들이 껄끄러운 말을 하기를 정말로 거북해합니다. 껄끄러운 말하는 것 자체가 매너 없는 행동이라고 생각하기도 합니다.

그러나 껄끄러운 말을 참으면 오히려 상대방의 매너 없는 행동을 유도해 관계를 더욱 악화시킬 수 있습니다. 무엇보다 할 말을 참으면 자기 자신을 괴롭히게 됩니다. 꾹 참은 말들이 마음속에서 친구의 괘씸한 점을 낱낱이 들여다보며 화를 키우게 합니다. 감정의 찌꺼기로 남아 언젠가 엉뚱한 방향으로 폭발해서 상대방에게 진짜로 매너 없는 행동을 할 수도 있습니다. 중요한 것은 껄끄러운 말을 참는 것이 아니라 껄끄러운 말도 매너 있게 말해 오해를 풀어야 한다는 것입니다.

최정수 군의 사례를 봅시다. 고등학교 1학년인 정수는 갑자기 의욕이 없어지고 매사에 무기력해졌습니다. 게다가 아버지께서 자존심에 상처를 주는 말을 자주 하셔서 더욱 풀이 죽었습니다. 아버지와 대화를 하고 나면 자신이 아무 쓸모없는 사람으로 여겨집니다. 원래 정수는 아버지가 심한 말을 해도 이 정도로 상처를 받지는 않았습니다. 그러나 며칠 전, 아버지가 친척들이 많이 모인 곳에서 정수 또래의 사촌을 칭찬하는 말을 듣고서 큰 상처를 받았습니다. 아버지는 친척들 앞에서 그 사촌을 입에 침이 마르도록 칭찬한 것입니다. 그날 이후로 정수는 아버지의 말 한 마디 한 마디에 예민해졌습니다.

기분이 상한 정수는 아버지가 말을 걸어도 퉁명스럽게 "모르겠는데요.", "아니요."처럼 짧게 대답하고는 자리를 피했습니다. 아버지는 정수가 그럴 때마다 또 혼을 내셨습니다. 아버지도 점점 더 정수를 못마땅하게 생각하신 것입니다.

그때 정수가 '나' 대신 '아버지'를 주어로 해서, 자신이 받았던 상처를 털어놓는다면 아버지와 화해할 수 있었을 것입니다. 다음과 같이 말해 보면 어떤까요?

"아버지가 저를 미워하시는 것 같아서 몹시 속이 상했어요. 지난번에 사촌을 칭찬하실 때는 질투도 났고, 저는 언제 아버지에게 인정을 받을 수 있을까 싶어서 울적했어요."

이렇게 말한다면 아버지도 화를 내지 않으실 겁니다. 오히려 자신이 별 생각 없이 한 말에 아들이 상처를 받을 것을 알고 반성을 하실 겁니다.

이럴 때 정수가 '나'를 주어로 해서 아버지에게 자기 기분을 털어놓았더라면 어땠을까요.

"(제가)기분이 안 좋으니 건드리지 마세요. 지금 내 기분을 아버지가 알기나 하세요?"

이렇게 말하면 자기 기분만 중요하고 아버지 기분은 중요하지 않다는 말이 돼 아버지는 더욱 화가 날 것입니다. 또한 정수는 울컥해서 아버지에게 하면 안 되는 거친 말을 하게 되어 부자 관계가 더욱 나빠졌을 것입니다. 울컥한 기분을 억제하지 못하면 해서는 안 되는 말이 저절로 튀어나오는 법입니다.

대개 껄끄러운 말을 하기를 피하는 이유는 말을 하고 난 후 결과가 두렵기 때문입니다. 말하기에 자신이 없거나 껄끄러운 말을 상대방이 오해하지 않도록 요령 있게 털어놓지 못해서 가슴에 쌓인 것이 많은 친구들은, 주어를 '너' 또는 '당신'으로 고쳐서 자기 기분을 설명하는 훈련을 하는 것이 좋습니다.

상대가 싫어하는 말투는 피하라

말투는 말을 담는 그릇입니다. 주스 한 잔을 마셔도 어떤 컵에 마시느냐에 따라 그 맛과 느낌이 확 다르듯, 말도 말투에 따라 말의 내용이 전혀 다르게 변합니다. 투덜대는 말투, 따지는 말투, 짜증내는 말투, 공격하는 말투 등은 말의 내용이 따뜻하더라도 짜증스럽고 공격적인 내용으로 전달됩니다. 자신 없는 말투, 비굴한 말투, 알아듣기 어려운 말투 등은 말의 내용이 심오해도 무시해도 좋을 말로 여겨지기 쉽습니다.

미국에서 유학 중인 서예인 친구의 이야기를 들어 볼까요. 중학교 3학년인 예인이는 한국에서도 공부를 잘했습니다. 예인이의 꿈은 미국의 명문 대학를 졸업하고 글로벌 인재가 되는 것이었습니다. 야망이 컸던 예인이는 집안 형편이 안되는 부모님을 졸라 중학교 2학년이 되던 해에 미국으로 유학을 떠났습니다. 처음에는 말이 안 통해서 답답하기도 하고, 미국 아이들이 왠지 무섭기도 했습니다.

너무 힘든 나머지 부모님의 반류를 뿌리치고 미국에 온 것을 후회하기도 했습니다. 그러나 어려운 형편에도 자기의 꿈을 지원해 주신 부모님을 생각하며 미국 생활에 적응하려고 더욱 노력했습니다.

그러한 노력이 결실을 거두었는지 예인이에게 미국 아이들이 하나 둘 다가오기 시작했습니다.

그렇게 미국 아이들과 조금씩 친해지고 있었는데, 한국에서 한 학생이 전학을 왔습니다. 그 아이는 미국 학교가 낯설어서인지 다른 친구들과 사귈 생각은 안하고 예인이만 졸졸 따라 다녔습니다. 호감이 가는 좋은 친구였지만 영어를 배우려면 한국 친구와 놀면 안 될 것 같아서 예인이는 친구가 다가올 때마다 피했습니다. 그러자 그 친구는 몹시 섭섭함을 느끼고 복도에서 마주쳐도 눈도 맞추지 않았습니다.

알고 보니 그 아이는 유치원 때 미국에서 산 적이 있어서 미국 친구들을 쉽게 사귀었습니다. 성격도 싹싹하고 금세 인기가 많아졌습니다. 예인이와 막 친해지려던 미국 아이들은 그 친구에게 관심을 돌렸습니다. 예인이는 그 친구가 자기를 따돌리고 미국 친구마저 빼앗아 가는 것 같아서 더욱 퉁명스럽게 굴었습니다. 둘 사이는 점점 더 나빠졌습니다. 그런데 예인이의 그런 태도가 미국 아이 사이에서 소문이 났습니다. 미국 아이들은 예인이가 매너가 없다고 생각하고, 놀아 주지도 않았습니다.

만약 예인이가 한국에서 온 새 친구에게 상냥한 말투로 "나 영어 때문에 한국말을 하면 안 돼서 미국 아이들하고 어울린 것뿐이야.

미안해."라고 말했다면 둘 사이가 그렇게 멀어지지는 않았을 것입니다. 그리고 미국 아이들 사이에서 매너 없는 아이로 찍히지도 않았을 것입니다.

말투는 마음을 드러내는 도구이기도 합니다. 듣기 좋은 말투로 매너 있게 말하려면 울컥하는 감정에 휘둘리지 말아야 합니다.

중학교 3학년인 민슬기 양의 학교는 2학년 때부터 우열반 편성을 했습니다. 슬기는 2학년 때는 우반이었는데 3학년 때는 열반으로 떨어졌습니다.

슬기는 반 아이들이 자기를 단지 공부를 못한다는 이유로 무시한다며 투덜대기 시작했습니다. 선생님이 조금만 야단치면 자신을 쓸모없는 학생으로 취급하고 모욕을 준다며 불평했습니다. 그러다가 아예 말투에 짜증이 배어 버렸습니다. 요즘에는 부모님이나 친구들에게도 짜증스럽게 말했습니다.

슬기는 선생님이 공부로 모든 것을 평가하고 공부 못하는 아이를 차별한다고 생각했습니다. 슬기가 그렇게 생각한 데는 어떤 근거가 있었을지도 모릅니다. 하지만 그런 마음을 품고 있으면 결국 자기만 손해입니다. 혼자 힘으로 선생님의 섭섭한 행농을 고칠 수 없다면 선생님의 태도를 볼 때마다 짜증을 낼 것이 아니라 스스로 자기 자신에게 의욕을 북돋아 주는 것이 낫습니다.

사람은 습관의 동물입니다. 말투는 가장 쉽게 습관으로 굳어지는 행동 중 하나입니다. 친구들에게 자기 생각을 제대로 전하려면 짜증 부리는 말투, 공격적인 말투는 고쳐야 합니다. 그것을 고치기 위해서는 작은 일에 투덜대거나 불평하기보다 스스로 기운을 북돋고 자신감을 키워야 합니다. 그런 자신감이 듣기 좋은 말투를 만들어 내고, 다시 매너 있게 말하는 능력의 바탕이 되어 주는 것입니다.

말하기 짱의 비법 노트

- 말을 해석할 권리는 말하는 사람이 아니라 듣는 사람에게 있다.
- 자기가 하고 싶은 말이 아니라 상대방이 듣고 싶어 하는 말을 건네는 것이 매너 있는 말하기이다.
- 주어를 '나'대신 '너', '당신' 등 상대로 바꾸면 공감대를 형성할 수 있는 화제를 끄집어내기가 쉬워진다.
- 자신 없는 말투, 비굴한 말투, 알아듣기 어려운 말투로 말하면 말의 내용이 심오해도 무시해도 좋을 말로 취급된다.

03
상대가 존중받는 느낌을 받도록 말해라

사람은 누구나 존중받고 싶은 욕구를 갖고 있습니다. 그렇기 때문에 대화를 할 때 반드시 상대방을 존중해야 합니다. 친구들이 말싸움하는 것을 잘 들어 보면 "어떻게 네가 나한테 그럴 수가 있어?"와 같은 말이 심심치 않게 들릴 것입니다. 자신을 존중하지 않는 태도나 말에 화를 내는 것입니다.

말을 잘하는 사람은 상대가 존중받는 느낌을 받도록 말합니다. "남에게 대접을 받으려거든 네가 먼저 남을 대접하라."는 성경 구절처럼 남에게 존중받는 말을 들으려면 내가 먼저 존중하는 말을 해야 하는 것입니다. 자신은 듣는 사람을 깔아뭉개는 말을 하면서 상대방에게만 자기를 무시한다고 따진다면 누가 좋아하겠습니까. 지금부터 어떻게 말해야 상대가 존중받는 느낌을 줄 수 있는지 알아보도록 합시다.

남의 말을 중간에 자르는 습관을 버려라

상대방이 이야기를 하는 중간에 말을 툭 자르면 좋아할 사람이 없습니다. 그런 행동은 마치 겨우 구한 맛있는 빵을 먹으려는 순간 기습적으로 빼앗는 것만큼 무례합니다. 누구든 자기 말을 열심히 들어 주지 않고 중간에 끊으면 무시당한 것 같아 화가 납니다. 남의 말을 열심히 들어 주는 것은 그 자체만으로도 말하는 사람을 존중한다는 의미가 됩니다. 그의 말을 존중하는 것은 그의 인격과 사고방식을 존중하는 것이기 때문입니다.

말하는 사람에게 집중하지 않거나 중간에 툭툭 말을 자르고 자기 말만 하는 행동은 그 자체만으로도 상대방을 무시한다는 의미를 갖습니다. 그런데 중간에 남의 말을 끊는 것은 꼭 상대를 무시해서가 아니라 이미 그런 습관이 몸에 배어서인 경우가 많습니다. 성질이 급한 사람은 상대방의 말이 지루하다 싶으면 이내 말을 끊습니다.

남의 말을 듣는 것은 때로는 엄청난 인내심이 필요합니다. 재미 없는 말, 지루한 말, 자신하고 상관없는 말도 참고 들어 주어야 하기 때문입니다. 그런데 그런 식으로 남의 말허리를 자르는 사람도 누군가가 자기 말을 중간에 자르면 불쾌한 것은 마찬가지입니다. 따라서 매너 있는 대화로 사람들에게 호감을 얻으려면, 부득이한 경우가 아닌 한 중간에 남의 말을 자르지 말아야 합니다.

말하기는 습관입니다. 대화 중에 남의 말을 자르는 습관을 고치지 않으면 점차 남의 말을 귀담아 듣는 인내심이 없어집니다. 한번 그릇된 습관이 생기면 고치기가 매우 어렵습니다. 말을 자르는 행동도 습관으로 굳어지면 어느 순간 자기도 모르게 상대에게 모욕감을 주는 말하기 습관을 갖게 됩니다.

매너란 더불어 지내는 주변 사람들을 가급적 기분 좋게 만드는 행동을 말합니다. 기분 좋게는 못 하더라도 최소한 상대를 불쾌하게 만들지는 말아야 합니다. 그래야 학교 생활, 사회 생활에 반드시 필요한 호의적인 인간관계를 유지할 수 있습니다.

스스로는 멋지다고 생각하는 행동노 상대방이 무례하다고 생각하거나 언짢은 기분을 느낀다면 매너 없는 행동이 됩니다. 공부도 잘하고 외모도 괜찮은데 주변에 친구가 없는 사람들은 대부분 잘못

된 말 습관을 가진 경우가 많습니다. 특히 남이 말할 때 중간에 끼어 드는 습관을 가진 친구가 많습니다.

민지는 초등학교 때까지는 성격이 활달하고 친구가 많은 편이었 습니다. 말도 재미있게 했습니다. 그런데 말을 재미있게 할 줄 아는 것이 화근이었습니다. 민지는 자기보다 재미없게 말하는 친구의 말 을 참고 들어 주지 못했습니다. 번번이 중간에 말을 가로채서 자기 가 다시 재미있게 말하곤 했습니다. 그러다 보니 친하던 아이들도 점점 멀어지고 말았습니다.

친구들이 모두 등을 돌리자 민지는 몹시 외로웠습니다. 차라리 죽 어 버리는 것이 낫다는 생각까지 들었습니다. 늘 혼자 다니는 것이 너무나 서러웠고, 점심을 혼자 먹을 때의 외로움은 견디기 힘들었습 니다. 무엇보다 민지는 활달하고 친구도 많던 자신이 왜 갑자기 이 렇게 되었는지를 알 수 없어 미칠 것 같았습니다. 자신의 성격에 무 슨 문제가 있는지 반성해 봤지만 정확한 원인은 알 수 없었습니다.

민지가 친구들과 사이가 멀어지게 된 원인은 남의 말을 중간에 가로채는 습관 때문이었지만, 민지 자신은 그런 자신의 행동이 문제 의 원인이라는 것을 상상소차 못하고 있었습니다. 민지는 남의 말을 중간에 끊는 것이 무례한 행동이라는 것조차 잘 모르고 있었습니다. 그런 까닭에 심지어 어머니와 말할 때도 어머니 말을 중간에 끊다가

"왜 말을 끝까지 안 들어? 엄마 말이 말 같지 않니?"라며 혼이 나는 일이 잦습니다.

민지가 예전의 활달한 성격을 되찾고 친구들과 다시 가까워지려면 남의 말을 중간에 끊는 습관을 반드시 고쳐야 합니다. 혼자 힘으로 어렵다면 주변 사람들에게 도움을 요청하는 것도 좋습니다. 상대의 말을 끊을 때마다 정해 둔 벌칙을 받기로 하는 것입니다. 그렇게 해서라도 잘못된 습관을 고치는 것이 중요합니다.

충고하는 대신 동의해 주어라

누구나 자기가 아는 것을 가르쳐 주고 싶어 합니다. 모르는 사람과 대화를 하다가도 자신이 잘 아는 것을 상대가 잘못 알고 있으면 똑똑히 가르쳐 주고 싶은 것이 인간의 심리입니다. 그런데 가르침을 받는 것은 유쾌하지 않습니다. 자칫 '제까짓 게 뭔데 나를 가르치려고 들어?'라는 생각이 들 수도 있습니다.

진정한 위로나 충고도 조심해서 말하지 않으면 가르치려 든다는 오해로 싸움으로 발전할 수 있습니다. 시험을 망친 친구를 위로하려고 "너무 걱정하지 마. 다음엔 실수하지 말고 침착하게 보면 성적이 오를 거야."라고 말을 건넸지만, 가뜩이나 기분이 안 좋은 친구는 "제까짓 게 뭔데 나한테 다음 시험을 잘 보라, 보지 마라. 걱정해라, 하지 마라. 가르치고 난리야."라고 받아들일 수 있습니다.

중학교 2학년인 지혜는 학교에서는 친하게 지내는 아이들이 다른 곳에서 서로 욕을 하는 것이 못마땅했습니다. 가식적이라고 생각했습니다. 그러나 학년이 올라가고 좀 더 성장하면 그런 모습이 나아질 것이라고 생각했습니다. 자신 또한 속으로는 싫은데 겉으로는 친한 척하며 지내는 친구들이 여럿 있었습니다. 그러다 3학년이 되면서, 몇몇 아이들과는 진짜로 친해진 것 같았습니다.

그런데 그 친구들이 갑자기 한 아이를 따돌렸습니다. 친하게 지내는 무리들이 그 아이를 무시하고 뒤에서 욕을 했습니다. 지혜는 친구를 따돌리는 행동이 이해가 안 될 뿐더러 따돌림당한 친구가 안쓰러웠습니다. 그래서 지혜는 따돌림당하는 친구와는 예전처럼 말을 주고받으며 지냈습니다. 원래부터 특별히 친한 사이는 아니어서 그저 필요한 말만 주고받는 정도였습니다.

그런데 어울리던 무리들이 지혜까지도 피하기 시작했습니다. 지혜는 차츰 존재감 없이 지내게 되었고, 자연스레 따돌림받는 친구하고만 어울리게 되었습니다. 그런데 지혜와 친하게 지내던 무리들이 이제는 반대로 왕따였던 친구와 가깝게 지냈습니다. 이제는 지혜만 왕따로 남았습니다. 그런 일을 처음으로 겪은 지혜는 받아들이기가 정말로 힘들었습니다. 자신이 뭘 잘못했는지도 알 수 없어 답답하기만 했습니다.

나중에 알고 보니 지혜의 말하는 방법이 문제였습니다. 지혜에게는 나이 차이가 많이 나는 남동생이 있습니다. 가끔 아기를 봐 주는 아주머니가 결근을 하실 때면 혼자 동생을 돌보아야 했습니다. 성격이 활달한 남동생은 하루 종일 가만히 있는 법이 없었습니다. 그래서 아주머니가 항상 이러지 마라 저러지 마라고 소리를 치곤 했습니다. 그렇게 해야만 남동생이 사고를 치는 것을 막을 수 있었습니다. 그런데 아주머니가 남동생을 다그치는 말투를 지혜도 따라하게 되었습니다. 그 때문인지 지혜는 누구하고 말을 하더라도 이래라 저래라 하는 경우가 많았습니다.

친구들이 지혜를 멀리한 이유는, 가르치려고 하는 지혜의 말투 때문이었습니다. 지혜는 기억을 못하지만 듣는 아이들은 그런 일들을 정확히 기억했습니다. 무리들이 한 친구를 따돌리는 것을 본 지혜가 "친구를 왕따시키지 마."라고 말한 적이 있었습니다. 친구들은 지혜의 그런 말투가 맘에 들지 않았던 것입니다.

그 정도의 말만 듣고 오해하는 친구들이 많다면 어떤 말로 친구를 위로하며 어떻게 친구에게 충고할 수 있느냐고 반문할 친구들도 있을 것입니다. 하지만 누구든 가르치려는 말은 듣고 싶어 하지 않는 다는 것을 기억할 필요가 있습니다. 그래서 되도록 충고나 위로의 말을 하기보다는 동의의 말을 하는 것이 좋습니다. 예를 들어 친구가 시험을 망쳤다며 속상해할 때는 "실수를 하지 말았어야지."가 아니라 "정말 속상하지?"라고 말하여 친구의 기분에 동의해 주는 것입니다.

슬픈 일, 괴로운 일, 화나는 일, 기쁜 일을 나눌 수 있어야 진정한 친구가 될 수 있습니다. 위로나 충고, 동의하는 말은 친구와 여러 감정들을 나눌 때 필요합니다. 그러나 어떤 말을 하는 경우든 말을 듣는 친구가 그 말을 진정한 위로, 충고, 동의로 받아들이도록 말할 때 그 가치가 빛난다는 것을 기억해야 합니다. 지혜도 친구들에게 말을 할 때 가르치려는 듯한 자신의 말투를 조금만 고쳤더라면 친구들이 등을 돌리는 일은 없었을 것입니다.

말할 때는 듣는 사람을 바라보아라

말의 내용 못지않게 중요한 것이 대화 매너입니다. 상대방이 진지하게 이야기를 하는데 딴 데를 보거나 비스듬히 앉아 고개 한 번

끄덕이지 않고 듣는다면 말하는 사람은 그가 내 말에 관심이 없다는 메시지로 해석합니다. 내 말에 관심 없는 사람과는 더 이상 말을 하기가 싫을 것입니다. 그런 일이 몇 번 반복되면 자기 말을 우습게 여기는 사람과는 대화하기가 싫어지고 관계도 멀어질 것입니다. 말하는 사람에게 집중하는 태도 역시 중요한 말하기 매너입니다.

들을 때와 마찬가지로 말을 할 때도 상대방의 얼굴을 보며 들어야 합니다. 상대를 보지 않고 천장이나 바닥, 창밖을 보며 말하면 말의 내용이 중요해도 듣는 사람에게 중요하게 들리지 않는다고 말하는 것과 같습니다. 말하는 태도가 산만하고 건성이라면 듣는 사람으로서도 열심히 들을 이유가 없는 것입니다. 말할 때나 들을 때, 상대방을 진지하게 바라보는 것은 말 듣는 사람이 들은 말의 의미를 바꾸게 하는 중요한 행동입니다.

말은 그 자체만으로는 사람의 생각을 고스란히 담을 수가 없습니다. 사람의 감정이나 상황은 무한대인데 단어나 문장은 한정되어 있습니다. 두뇌가 갖고 있는 다양하고 많은 개념들과 변화무쌍한 감정들을 전부 표현할 만큼 언어가 풍부하지 않습니다. 인간은 언어의 한계를 본능적으로 알고 있습니다. 그래서 말로 표현하기 어려운 미세한 감정 변화나 상세한 개념 등은 말이 아닌 몸으로 표현합니다. 전 세계인이 공통적으로 말할 때 듣는 사람을 바라보고, 들을 때 말하는 사람을 바라보는 것을 기본 매너로 여기는 것은 바로 그 때문입니다.

현지는 얼굴이 예쁘고, 공부를 잘하고, 노래까지 잘했습니다. 그래서 반 아이들에게 인기가 높은 편이었습니다. 그러나 현지에게는 자신의 진짜 고민을 털어놓을 만한 친구가 없었습니다. 하루는 한 친구에게 어울리는 친구는 많은데 마음을 다 보여 줄 진짜 친구가 없다는 고민을 털어놓은 것입니다. 그런데 친구에게 충격적인 말을 들었습니다. 현지가 남에게 상처를 많이 주어서 그렇다는 것이었습니다.

그 친구는 자신조차 그렇게 생각했다고 말했습니다. 현지는 날벼락을 맞은 기분이었습니다. 현지는 자신의 말버릇이 그다지 좋지 않다는 생각은 막연히 하고 있었습니다. 그러나 말투가 솔직하고 직설적인 것일 뿐이지 크게 잘못되었다고 생각하지는 않았습니다. 그런데 현지의 문제는 직설적인 말투뿐만이 아니었습니다. 자기가 말할 때는 친구들이 딴 데를 보지 못하게 하고, 남이 말할 때는 늘 딴 짓을 하는 이기적인 태도가 더욱 문제였습니다.

현지의 직설적인 말투 역시 상대방에게 상처를 주기 쉬운 행동입니다. 그런데 그런 습관은 쉽게 고쳐지지 않습니다. 직설적인 말투로 인해 상대방이 상처를 받지 않는지 살피고 강한 의지를 가져야만 고칠 수 있습니다. 상대방을 바라보며 말하고 듣는 태도를 익히는 태도도 도움이 됩니다. 대화를 할 때 상대방을 바라보는 습관을 갖게 되면 상대방이 듣기 싫어하는 말과 듣기 좋아하는 말을 구분하는 능력이 생깁니다. 그러면 지나치게 직설적은 표현은 가려서 할 수 있게 됩니다.

여기서 상대를 바라볼 때 한 가지 주의할 점이 있습니다. 상대방의 눈을 지나치게 뚫어지게 바라보면 오히려 불편함을 줄 수 있습니다. 그래서 말하는 사람 또는 듣는 사람의 표정 변화를 살필 때는 상대의 윗옷의 첫 단추 정도에 시선을 두고 대화하는 것이 좋습니다.

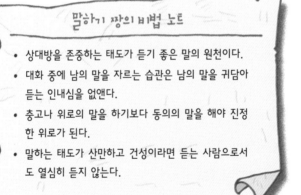

말하기 짱의 비법 노트

- 상대방을 존중하는 태도가 듣기 좋은 말의 원천이다.
- 대화 중에 남의 말을 자르는 습관은 남의 말을 귀담아 듣는 인내심을 없앤다.
- 충고나 위로의 말을 하기보다 동의의 말을 해야 진정한 위로가 된다.
- 말하는 태도가 산만하고 건성이라면 듣는 사람으로서도 열심히 듣지 않는다.

04
농담도 가려서 해야 즐겁다

친구의 말이 지나친 것 같아서 화를 냈는데 친구가 "농담도 못하냐?"라고 대꾸하면 할 말이 없을 것입니다. 실컷 약을 올려놓고 농담이었다고 하면 되느냐고 반박하고 싶지만 속 좁다는 소리를 들을까봐 꾹 참습니다. 하지만 너무 참으면 마음에 앙금이 남아 점점 더 그 친구 말이 마음을 괴롭힙니다.

아무리 농담이라도 신체적 결함을 놀림거리로 삼거나 숨기고 싶은 약점을 자주 들추면 대화 나누는 것 자체가 싫을 것입니다. 매너 있게 말하려면 농담도 함부로 해서는 안 됩니다. 농담을 할 때도 가

녑게 웃어넘길 수 있는 수준인지 생각해 보고 말을 해야 합니다. 특히 피해야 하는 농담은 어떤 것이 있는지 알아봅시다.

상대의 약점을 농담 삼는 것은 금물

"야, 돈까스. 너 요새 좀 홀쭉해졌다. 웬일이냐, 네가 다이어트를 다 하고?"

과체중으로 고민하고 있는 친구에게 이런 농담을 하면 듣는 사람은 기분이 몹시 상할 것입니다. 농담을 듣는 친구는 아마도 과체중이 세상에서 가장 큰 고민일 것입니다. 그런 것을 건드리면 누구라도 화가 납니다. 말하는 사람은 그저 재미있으라고 한 말이라고 해도 듣는 사람은 그렇게 듣기가 어렵습니다. 요즘처럼 외모가 중요한 시대에 과체중인 것도 가뜩이나 속상한데, 그것을 놀림거리로 삼는다면 상처가 클 수밖에 없습니다.

친한 친구 간에 너무 깍듯이 예의를 차려도 거리감이 느껴집니다. 그러나 세상에서 제일 가깝다는 부모 자식 간에도 지켜야 할 기본 예의를 무시하는 말을 하면 화가 납니다. 친구 사이에서는 두말할 나위가 없습니다. 친구 간에 흉허물 없이 말하는 데 기본 예의는

지켜야 합니다. 친구를 놀리는 농담을 절대로 하지 말하는 말이 아니라 친구가 정말로 감추고 싶어 하는 약점만큼은 농담거리로 삼지 말라는 것입니다.

걸음을 느리게 걷거나 노래를 못하거나 춤을 못 추는 것 정도는 감추고 싶은 심각한 약점은 아니기 때문에 농담을 해도 큰 문제가 안 됩니다. 그러나 신체적 약점, 생리적 약점처럼 수치스럽게 여길 수 있는 부분은 절대로 농담거리로 만들어서는 안 됩니다. 웃자고

한 농담이 자칫 큰 상처가 될 수 있습니다. 농담이야말로 듣는 사람의 성격이나 내 말을 이해해 주는 범위에 따라 수위를 조절해야 원래의 목적대로 기분 좋게 웃어넘기는 말이 될 것입니다.

서로에 대해 너무나 잘 아는 가족이나 친한 친구 사이에서는, 당사자에게는 숨기고 싶은 약점인데도 말하는 사람 입장에서 그렇게 생각하지 않는 경우가 많습니다. 어차피 서로 다 아는 사이인데 감출 게 뭐가 있느냐는 식으로 생각해 버리는 것입니다. 그래서 가끔 그것을 농담으로 삼으면서도 상대가 그저 재미로 한 말로 들으리라고 믿습니다. 오히려 농담에 화를 낸다면 속 좁은 사람으로 몰아 부치기까지 합니다.

친한 사이일수록 서로 기대가 다르기 때문에 문제가 생기기 쉽습니다. 말하는 사람은 '우리 사이에 이 정도는 재미로 한 말인 줄 알겠지.'라고 기대할 때 듣는 사람은 '친한 사이니까 내가 절대로 드러내기 싫은 약점 정도는 덮어 주겠지.'라고 기대합니다. 이렇다 보니 친하지 않은 사람하고 보다 친한 사람하고 농담하다 싸우는 일이 더 잦습니다. 친한 사이일수록 말의 매너를 지켜야 하는 이유가 바로 여기에 있습니다. 상대방의 화를 돋우는 지나친 농담은 매너를 단번에 해치고 맙니다.

중학교 3학년인 혜선이는 친구도 많고 학교생활도 잘했습니다.

그러던 어느 날 단짝 친구가 눈을 맞추지 않고 피하기 시작했습니다. 며칠 지나자 다른 애들도 혜선이의 눈을 피하며 말을 걸지 않았습니다. 나중에는 같은 반 친구들 대부분이 혜선이를 피했습니다. 혜선이는 서러워서 학교에 가기조차 싫었습니다. 그래서 부모님에게 아프다고 거짓말하고는 결석도 하고, 조퇴도 몇 번 했지만 상황은 나아지지 않았습니다.

하루는 혜선이와 단짝이었던 친구가 아이들 몇 명을 데리고 와서 혜선이의 책상을 뒤지고, 가방을 밟고, 책들도 던져 놓았습니다. 혜선이는 서럽기도 하고 억울해서 엉엉 울었습니다. 아무리 머리를 쥐어짜도 자기가 뭘 잘못했는지 알 수가 없었습니다. 혜선이는 어떻게든 문제를 풀어 보려고 했습니다. 그래서 단짝이었던 친구에게 메신저로 연락해 미안하는 말을 남겼습니다. 그러자 단짝이었던 친구는 뭐가 미안하냐고 다그쳤습니다. 자신의 잘못을 모르는 혜선이는 우물쭈물할 수밖에 없었습니다. 그러자 그 친구는 더욱 심하게 혜선이를 괴롭혔습니다.

혜선이의 단짝 친구가 돌변한 이유는 혜선이가 무심코 한 농담 때문이었습니다. 사람은 누구나 밝히기 싫은 약점 한두 가지는 가지고 있습니다. 얼굴에 여드름이 많다거나 눈썹이 짝짝이라거나 키가 작은 것, 뚱뚱한 것, 눈이 작은 것 같은 신체적인 문제가 약점인 경우가 있고, 방귀를 자주 뀐다거나 입 냄새, 겨드랑이 냄새가 나는 것 같은 생리적인 문제가 약점인 경우도 있습니다. 그런 약점들은 대개 자신의 힘으로 고치기도 힘들고, 받아들이기도 싫은 것들입니다. 남들이 볼 때는 큰 약점이 아닐 수도 있지만 당사자로서는 절대로 드러내기 싫은 약점일 수 있습니다. 그래서 아무리 친하더라도 이 부분을 농담으로 삼으면 이성을 잃을 만큼 화가 나는 것입니다.

하루는 여느 날처럼 집에 가면서 수다를 떨고 있었는데, 친구가 장난으로 혜선이의 작은 키를 두고 땅딸보라고 놀렸습니다. 그래서 혜선이도 장난으로 평소에 방귀를 자주 뀌는 친구의 약점을 잡아 "그래 이 스컹크야. 냄새까지 지독한 스컹크야!"라고 놀렸습니다. 친구가 그 정도의 농담은 받아들일 줄 알았습니다. 그러나 그 친구는 자신이 방귀를 자주 뀐다는 것을 평소에 늘 수치로 생각해 왔습니다. 게다가 그 친구는, 혜선이가 키가 작은 것은 누가 봐도 아는 일이지만 자신이 방귀를 자주 뀌는 것은 군이 밝히지 않으면 아무도 모를 일이기 혜선이의 농담이 훨씬 괘씸하다고 생각했습니다.

친구는 혜선이의 농담을 절대로 용서할 수가 없었습니다. 혜선이에게 심한 배신을 당했다고 생각했습니다. 그래서 다른 친구들까지 동원해 혜선이에게 복수를 했던 것입니다. 이처럼 농담이 무서운 복수를 낳을 수도 있는 것입니다. 농담은 상대의 성격과 상대가 받아들일 수 있는 한도를 파악하고 그것을 넘지 않도록 해야 합니다.

상대가 농담할 기분이 아닐 땐 말을 멈춰라

평소에는 웃어넘길 수 있는 말도 기분에 따라 정말로 듣기 싫을 때가 있습니다. 그럴 때는 상대에게 미리 기분을 말해 두는 것이 좋습니다. 그런데 상대가 그런 의사 표시를 무시하고 하던 말을 멈추지 않는다면 말싸움으로 번지고 맙니다. 상대가 "그만해.", "그런 말할 기분이 아닙니다."라고 의사를 표시할 때는 말을 멈추는 것이 매너입니다.

아무리 재밌는 농담이라도, 상대의 기분을 고려하지 않고 강요한다면 상대를 괴롭히는 일과 다르지 않습니다. 예의에 어긋나도 한참 어긋나는 일입니다. 듣고 싶어 하지 않은 상대에게 말을 들으라며 괴롭힐 권리는 누구에게도 없습니다. 그런데 세상에는 이처럼 사소한 매너를 지키지 못해 말싸움을 하거나 오랜 우정을 깨뜨리는 사람들이 많습니다.

말의 주인공은 말하는 사람이 아니라 말을 듣는 사람입니다. 말은 말한 사람의 뜻대로 해석되는 것이 아닙니다. 말을 들은 사람의 해석대로 뜻이 변할 수 있습니다. 말하는 본인은 재미있는 말이라고 생각해도, 상대가 듣기 싫어한다면 그 말은 듣기 싫은 말인 것입니다.

민석이의 앞자리에는 혁준이가 앉습니다. 혁준이는 소심하고 말주변이 없습니다. 공부 잘하는 모범생이지만 너무 말수가 없는 탓에 친구도 적습니다. 혁준이는 반에서 유일하게 민석이하고만 말을 나누었습니다. 말은 주로 민석이가 걸었습니다.

혁준이는 친한 척 다가와서 책이나 노트를 빌려 달라는 아이들의 부탁까지 다 들어주는 마음 약한 아이였습니다. 때로는 민석이가 그러지 말라고 충고하기도 했습니다. 하지만 혁준이는 별로 바뀌지 않았습니다.

혁준이가 부탁을 곧잘 들어주자 반 친구들은 혁준이를 만만하게 생각했습니다. 점점 더 말도 안 되는 일까지 혁준이에게 부탁했습니다. 나중에는 마치 하인을 부리는 듯했습니다. 민석이는 혁준이가 그러는 것이 늘 안타까웠습니다. 그래서 농담으로 "이 바보야."라고 하곤 했습니다. 평소에 그 말은 들은 혁준이는 싱겁게 웃기만 했습니다.

그런데 문제의 그날은 혁준이가 아침부터 어머니에게 심한 꾸지람을 들은 날이었습니다. 혁준이는 친구가 자기 도시락까지 싸달라고 한 부탁을 거절하지 못해서 어머니에게 말했다가, 어머니에게 한심한 녀석이라는 소리를 잔뜩 듣고는 아침 내내 울적했습니다. 그런데 그때 민석이가 평소처럼 아무 생각 없이 등을 툭툭 치며 "바보야.”라고 불렀습니다. 혁준이는 울컥해서 오늘은 그렇게 부르지 말라고 경고했습니다.

하지만 민석이는 혁준이의 말을 들은 척도 하지 않고 또다시 바보라고 불렀습니다. 그 순간 혁준이가 벌떡 일어서며 뒤로 휙 돌아서는가 싶더니 민석이 얼굴에 주먹을 날렸습니다. 방심하던 민석이는 휘청거리다가 바닥에 넘어졌습니다. 혁준이의 주먹은 생각보다 셌습니다. 반 아이들이 눈이 휘둥그레지면서 모여들었습니다. 혁준이는 쓰러져서 허우적거리는 민석이를 남겨 두고는 밖으로 나갔습니다. 민석이는 혁준이의 경고를 무시했다가 반 전체에게 큰 창피를 당했습니다.

평소에는 순한 사람도 기분이 안 좋을 때는 평소와 달리 거친 모습을 보일 수 있습니다. 그러니 순한 상대의 경고라도 무시하면 안 됩니다. 순한 사람이 경고를 할 때는 이미 분노가 폭발 직전에 와 있을 것입니다. 민석이가 당한 일은 아주 친한 친구 사이에서도 종종 일어날 수 있습니다. 사람의 기분이 항상 같을 수는 없습니다. 기분에 따라 어제는 괜찮게 들리던 농담이 오늘은 거북하게 들릴 수 있습니다. 농담은 상대방의 성격은 물론 상황, 기분 등을 고려해 수위를 조절해야 농담으로서의 가치가 있습니다.

그렇다고 늘 상대방의 눈치를 보라는 말은 아닙니다. 상대방이 그만하라고 의사를 표시할 때 무조건 그 의사를 존중해 주라는 것입니다. 친구들하고 농담하기 좋아하는 사람들은 주변에 친구가 많고 인기도 높습니다. 하지만 그 농담의 수위를 조절하지 못하면 오히려 좋았던 관계를 망칠 수 있습니다.

험담은 곧 나의 흉으로 돌아온다

사람은 누구든 장점과 단점을 갖고 있습니다. 그리고 가끔은 친한 친구의 단점 때문에 미움이 생길 수 있습니다. 그렇더라도 상대방에게 직설적으로 단점을 말할 수는 없습니다. 그런데 사람은 마음에 걸리는 게 있을 땐 누군가에게 말로 털어놓아야 그 생각에서 벗어날 수 있습니다. 그런 본성 때문에 상대방의 단점이 미워지면 당사자 없는 곳에서 제삼자에게 그 사람 흉을 보게 됩니다. 그래서 뒤에서 남의 흉을 보는 사람이 많은 것입니다.

흉보는 말을 들은 사람은 그 말을 혼자만 가슴에 담아 두지 못하고 또 다른 사람에게 옮깁니다. 말 옮기는 것을 정당화하기 위해 대부분 자기 해석을 덧붙입니다. 그렇게 한 사람 두 사람의 해석이 붙다 보면 농담 삼아 한 가벼운 말이 풍선처럼 부풀어 흉악한 흉으로 변하게 됩니다.

처음에 말한 사람은 크게 흉볼 의도 없이 가볍게 말했다고 해도 그 말이 돌고 돌면서 각각의 해석이 붙으면 심각한 욕이 되어 버립니다. 당사자의 귀에 들어갈 즈음에는 이미 말한 사람의 의도와 전혀 다른 의미로 변질되기 쉽습니다.

그렇게 되면 단점의 주인공과 그 단점을 가벼운 농담으로 만들어 제삼자에게 말한 사람의 관계는 돌이킬 수 없어집니다. 좋았던 관계는 금세 깨지고 원수로 변합니다. 따라서 누군가를 흉보는 것은 본인 앞에서는 물론 제삼자에게도 하지 않도록 노력해야 합니다.

세상에 흉이 없는 사람은 단 한 명도 없습니다. 아무리 장점이 많은 사람도 단점 하나쯤은 가지고 있습니다. 어떤 친구는 공부는 잘하는데 몸에서 냄새가 날 수 있습니다. 어떤 친구는 외모는 예쁜데 말귀를 못 알아들을 수 있습니다. 어떤 친구는 예쁘고 공부도 잘하는데 성격이 거만할 수 있습니다. 어떤 친구는 매사에 정확한 대신 성격이 너무 차가워서 가까이 하기 싫을 수 있습니다. 열거하자면 이보다 더 많은 장단점을 찾을 수 있습니다.

아무리 친한 사이라도 서로가 마음에 안 드는 점이 한두 가지씩은 있기 마련입니다. 그러니 가끔 상대에게 미움이 생기는 것은 어찌 보면 당연합니다. 사람의 감정은 기복이 심해서 어떤 날에는 상대의 장점만 보이고 어떤 날에는 상대의 단점만 보이기도 합니다.

이것은 나에게만 해당하는 일이 아닙니다. 상대가 내게 느끼는 것도 마찬가지입니다. 그래서 친구의 단점에 대해 다른 사람에게 흉보지 않도록 노력하는 것이 예의입니다.

아름이는 고등학교 1학년 초부터 친구들과 잘 어울렸습니다. 아름이는 자신의 혈액형이 O형이라 성격이 활달하고 털털해서 누구하고든 쉽게 친해진다고 믿었습니다. 아름이는 전학 온 한 친구와 단짝이 되었습니다. 그런데 종종 그 친구와 성격이 맞지 않을 때가 있었습니다. 때때로 친구의 성격이 너무 답답하다는 생각이 들었습니다. 아름이는 친구의 혈액형이 소심한 A형이라서 그렇다고 나름대로 생각했습니다.

그런데 한 학기가 끝날 무렵부터 그 친구가 아름이를 슬슬 피했습니다. 점심도 다른 애들이랑 먹고, 쉬는 시간에도 다른 애들하고 놀았습니다. 아름이는 자기가 잘못한 게 있나 싶어 걱정이 되었습니다. 고민 끝에 아름이는 요새 자기를 멀리하는 이유를 물었습니다. 그러자 그 친구는 아름이의 성격이 자기랑 잘 안 맞는 것 같다고 대답했습니다. 아름이가 그게 무슨 말이냐며 따져 물었더니 친구는 얼굴이 하얗게 질렸습니다.

아름이가 이번에는 흥분을 가라앉히고 친구에게 다시 한 번 찬찬히 말해 달라고 부탁했습니다. 알고 보니 아름이가 다른 친구에게 무심코 했던 말이 원인이었습니다. 언젠가 "걔는 다 좋은데 좀 쪼잔한 데가 있어. A형이잖아."라고 한 적이 있는데, 그 말이 돌고 돌아 친구의 귀에 들어간 것이었습니다.

별생각 없이 우스갯소리로 말한 것인데, 그 말이 반에서 돌고 돌면서 다르게 와전되었던 것입니다. 결국 친구의 귀에 들어갈 때는 "너무 쪼잔해서 어울리기 싫지만, 나처럼 성격 좋은 애가 놀아 주어야지 누가 놀아 주겠냐?"라는 말로 변한 것입니다. 게다가 말을 와전시킨 친구들은 "지가 무슨 구세주라도 되는 양 으쓱하더라."라는 토를 달며 오해를 더욱 부추긴 것입니다.

아름이는 친구의 말을 듣고는 기가 막혀서 말이 안 나왔습니다. 가볍게 한 말 한마디 때문에 관계가 이토록 나빠진 것이 어이가 없기도 하고, 그렇게 쉽게 자기를 오해한 친구가 원망스럽기도 했습니다. 그러나 그 친구는 그 친구대로 큰 상처를 입은 탓에 더 이상 아름이와 어울릴 수 없게 되어 버렸습니다.

아름이는 그 친구의 말을 듣고 난 후부터 반 친구들 보기가 민망하고 어색했습니다. 괜히 울컥해 눈물이 나기도 했습니다. 자존심도 상했습니다. 자신이 무슨 큰 죄를 지은 것처럼 괜히 움츠러들고 소심해지는 것 같아 씁쓸했습니다.

가벼운 말 한마디가 이처럼 심각한 결과를 가져올 수 있습니다.

따라서 누군가를 흉보는 말은 농담으로라도 하지 않는 것이 좋습니다. 누군가가 마음에 안 든다고 생각하면 점점 더 그 사람의 안 좋은 면만 보이게 됩니다. 인간은 누구나 장점과 단점을 모두 가지고 있다는 점을 인정해야 합니다. 그래서 단점이 눈에 거슬리면 억지로라도 장점을 보려고 노력해야 합니다. 흉이 없는 사람도 없지만 흉만 있는 사람도 없습니다.

도저히 상대방의 단점을 그냥 넘길 수 없다면 차라리 당사자 앞에서 솔직하게 말하는 것이 낫습니다. 단, 요령 있게 말하는 것이 중요합니다. 친구의 좋은 점을 먼저 말해 주어서 긴장하지 않도록 한 다음에 친구가 고쳐 주었으면 하는 점을 찬찬히 말한다면 괜한 갈등이 생기는 일을 막을 수 있을 것입니다.

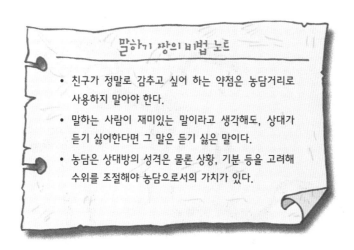

말하기 짱의 비법 노트

- 친구가 정말로 감추고 싶어 하는 약점은 농담거리로 사용하지 말아야 한다.
- 말하는 사람이 재미있는 말이라고 생각해도, 상대가 듣기 싫어한다면 그 말은 듣기 싫은 말이다.
- 농담은 상대방의 성격은 물론 상황, 기분 등을 고려해 수위를 조절해야 농담으로서의 가치가 있다.

PART 03

상대의 마음을 사로잡는
말하기의 핵심 기술

우리가 말을 하는 상황은 여러 가지가 있습니다. 수업 시간에 발표하기, 발표를 들은 후 질문하기, 선생님의 질문에 대답하기, 어떤 주제를 놓고 찬반토론하기 그리고 대학 입학 면접 모두 말하기 기술이 요구되는 상황입니다. 제3부에서는 특히 10대에게 필요한 말하기의 핵심 기술만 정리해서 모았습니다. 멋지게 세련되게 말하는 법은 어떤 것이 있는지 살펴볼까요?

01
좋은 첫인상을 남기는 방법

사람은 만난 지 4초 만에 상대방을 어떤 식으로 대해야 할지를 결정한다고 합니다. 학년이 바뀌면서 새로 만난 친구나 새로운 학원에 등록하면서 알게 된 친구에 대한 호감 역시 만난 지 4초 만에 결정될 수 있는 것입니다. 물론 첫인상이 비호감이어도 점차 다른 매력을 발견하고 친해질 수 있습니다. 그러나 아무래도 첫인상부터 호감이 느껴지는 사람이 사귀기가 더 쉬울 것입니다.

대학 입학 시험이나 취업 시험에서 면접을 볼 때도 첫인상을 좌우하는 4초를 잘 관리하는 것이 대단히 중요합니다. 그런데 4초 동안에 어떤 인상을 주느냐는 대개 인사법에서 결정됩니다. 인사를 나누는 동안의 말투와 자세와 표정이 가장 먼저 면접관에게 관찰되기 때문입니다. 지금부터 4초 동안의 첫인상 관리를 통해 처음 만난 사람도 자기편으로 만드는 인사 요령들을 소개하겠습니다.

명랑한 목소리로 잘 들리게 인사하라

길을 지나가다 우연히 아는 사람을 만났을 때 고개만 까딱하고 지나가는 것과 큰 소리로 인사하는 것은 전혀 다른 인상을 줍니다. 고개만 까딱하는 인사는 반갑지도 않은데 억지로 인사한다는 느낌을 줄 수 있습니다. 그러나 맑고 명랑한 목소리로 잘 들리게 인사를 하면 진심으로 반가워하며 인사하는 것으로 받아들여져 덩달아 기분이 좋아집니다. '안녕'이라는 인사말 자체가 가라앉은 기분을 일으켜 세울 만큼 좋은 힘을 지니고 있기 때문입니다.

마음으로는 누군가에게 너무나 고마움을 느끼는데 말로는 표현하지 못하는 경우가 자주 있습니다. 그럴 때 고맙다는 말을 꺼내지 않으면 결국 상대방은 그 마음을 알지 못합니다. 인사도 마찬가지입니다. 고개만 까딱하는 인사로는, 정말 반가워서 인사를 하는 것인지 의례적으로 인사를 하는 것인지 판단할 수가 없습니다. 선생님과 부모님에게도 마찬가지입니다. 부모님에게 고개만 숙여 인사를 하면 부모에 대한 존경심이 없는 것으로 보여 불쾌하게 생각하실 수 있습니다. "엄마가 네 친구냐?" 하며 느닷없이 화를 내신다 해도 할 말이 없을 것입니다.

언제나 인사말이 잘 들리도록 큰 소리로 말해야 인사다운 인사가 됩니다. 그렇게 해야 효과적인 말하기 훈련이 되기 때문입니다. 평소에 친구, 선생님, 부모님에게 인사할 때 고개만 까딱하는 버릇을 지니면 소리 내서 인사하는 것이 점점 더 어색해집니다.

그러다 보면 큰 소리로 인사해야만 좋은 인상을 줄 수 있는 상황에서, 아무리 독하게 마음을 먹어도 큰 목소리가 나오지 않을 것입니다. 첫인상으로 호감을 사야 할 대학 입학 시험 또는 취업 면접 시험 자리에서도 면접관에게 고개만 까딱하는 버릇이 튀어나와 채점에 불리해질 수가 있습니다. 그날만은 잘하리라 마음먹어도 자기도 모르게 어색한 목소리가 나오게 됩니다. 그런 목소리로는 좋은 첫인상을 줄 수 없습니다.

인사를 빠뜨리지 않고 하기는 하는데 입은 다물고 고개만 까딱하거나, 들리지 않는 목소리로 중얼거리기만 하면 사람을 반갑게 맞이하지 않는다는 오해를 사기 쉽습니다. 인사를 하는 둥 마는 둥 하는

데도 상대방이 '원래 수줍음이 많아서 그럴 거야.' 라고 너그럽게 이해해 줄 확률은 그리 높지 않습니다. 자기를 반기지 않는다고 오해할 확률이 훨씬 높습니다.

인사말이 잘 들리도록 명랑한 목소리로 인사를 하면 첫 대면에서 호감을 살 수 있을 뿐만 아니라 오래된 친구와도 잘 지낼 수 있을 것입니다.

말이란 입 밖으로 소리 내 버릇하지 않으면 쉬운 말도 잘 안 나옵

니다. 영어를 많이 배우고도 외국인을 만나면 입이 안 떨어지는 이유 또한 영어를 소리 내 말하는 훈련을 하지 않아서입니다. 영어를 많이 익혀도 입 밖으로 소리를 내 본 적이 없다면 회화를 잘하기는 어렵습니다. 자나 깨나 소리 내 말하는 것이 최고의 회화 공부입니다.

우리말도 마찬가지입니다. 입 밖으로 내지 않은 말은 쉬운 말이라도 입에 걸려 잘 안 나옵니다. 아무리 운동 신경이나 예술적인 능력을 타고났다고 해도 그 재능을 갈고닦지 않으면 실력은 향상되지 않습니다. 마찬가지로 달변가의 기질을 타고난 사람도 입 밖으로 소리 내어 말하는 훈련을 하지 않는다면 생각한 대로 말하기가 힘듭니다. 우리에게 다행인 것은 말하기는 일상생활이라는 점입니다. 쉬지 않고 사용하는 것이니 바르게 말하는 법을 생활 속에서 자연스럽게 연습해 볼 수 있습니다.

친구든, 부모님이든, 선생님이든 누구에게든 큰 목소리로 잘 들리게 인사해 보세요. 지금까지 고개만 까닥하거나 웅얼거리는 목소리로 인사했다면 오늘부터는 크고 밝은 목소리로 인사해 보는 겁니다. 물론 처음에는 어색하고 이상하겠지만 인사를 받는 사람들은 나를 보고 기분이 좋아실 것입니다. 그리고 나에 대해 호감을 느끼고 더 좋은 인상을 갖게 되는 것 당연한 일입니다.

말을 잘해도 자세가 엉망이면 헛수고

누구든 타인에게 부당한 대접을 받았다고 생각하면 불쾌감을 느끼고 화를 냅니다. 부당한 대접은 무시당한 기분을 들게 하고 모욕감까지 줍니다. 사람을 처음으로 만났을 때 나누는 인사 태도가 거만하거나 예의바르지 않으면 상대방은 부당한 대접을 받았다고 생각하며 불쾌감을 느낍니다.

괜한 오해를 만들지 않으려면 어떤 상대가 되었든 인사하는 태도는 늘 정중해야 합니다. 성의 없는 말투, 뻐딱한 자세, 잘못된 인사법 모두 좋은 인상을 줄 리 없습니다.

면접을 볼 때도 마찬가지입니다. 자세가 처음부터 끝까지 바르지 못하면 예의 없는 사람, 중요하지 않은 사람, 주어진 역할을 제대로 감당할 수 없는 사람이라는 인상을 주어 높은 점수를 받기 어렵습니다.

자세는 때로 천 마디 말보다 나에 대해 더 많은 것을 보여 줍니다. 구부린 등과 허리, 제멋대로 뻗고 흔드는 팔과 다리는 그 자체만으로도 보는 사람에게 경솔하거나 예의 없는 부정적인 의미로 읽힙니다. 열 번 듣는 것보다 한 번 보는 것이 낫다는 말이 있습니다. 귀로 듣는 것보다 눈으로 보는 것이 더 오래 기억되기 때문에 자세를 바르게 하는 것이 중요한 것입니다. 말솜씨가 아무리 훌륭해도 자세가 제멋대로라면 결코 좋은 인상을 줄 수 없습니다.

기억에 남을 말을 남겨라

예전에 친했지만 지금은 헤어진 친구가 문득 보고 싶을 때가 있습니다. 그럴 때 그 친구의 무엇이 가장 먼저 생각날까요? 아마도 그 친구가 들려 준 말일 것입니다. 선물로 준 물건이나 나를 위로해 준 행동도 떠오르지만 마음 깊이 남는 것은 그 사람이 남긴 말입니다.

세계적인 위인들을 떠올릴 때도 마찬가지입니다. 그들의 삶과 함께 그들이 남긴 인상적인 말이 떠오릅니다. 시각 장애와 청각 장애의 고통을 겪었던 미국의 헬렌 켈러 여사가 남긴 "행복의 문 하나가 닫히면 다른 문들이 열린다."라는 말은 오늘날까지도 고통에 처한 전 세계인에게 위로와 희망을 주고 있습니다.

남아프리카 공화국의 노벨 평화상 수상자인 로제타 투투 신부님은, 극심한 가난에 질망하여 삶의 의지를 잃은 아프리가 국민들에게 "당신이 느끼고 있지 못할 뿐, 당신은 매우 특별한 사람입니다."라는 말로 용기를 북돋아 수많은 사람들을 절망에서 깨어나게 했습니다. 죽은 후에는 다른 대륙의 사람들에게까지 그 희망을 일깨우고 있습니다. 우리가 위인으로 기억하는 공자, 맹자, 케네디 같은 사람들도 모두 그들이 남긴 감동적인 말로 기억되고 있습니다.

다른 사람들이 오래 기억할 수 있는 감동적인 말은 유명한 사람들만 할 수 있는 것이 아닙니다. 노력하면 누구나 할 수 있습니다. 친구, 부모님, 선생님 등 주변 사람들에게 그런 말을 남길 줄 안다면 오랫동안 좋은 인상으로 기억될 수 있습니다.

거창한 말을 남기기 위해 별도의 노력을 할 필요는 없습니다. 아침에 만난 친구에게 흔한 인사말대신 "오늘은 네게 좋은 일이 있을 거야."라고 말해 주는 것 또한 기억에 남는 말로 좋은 인상을 주는 것이 될 수 있습니다. 훗날 그 친구는 아침마다 "좋은 일이 생길 거야."라고 말해 주던 친구로 나를 기억할 것입니다.

그런 말을 하기가 왠지 쑥스럽다고요? 처음에는 쑥스러울 수도 있습니다. 말이 입에서 뱅뱅 돌다가 안으로 쑥 들어가 버리기도 합니다. 하지만 뒤로 물러서지 말고 용기내서 말을 해 보세요. 그리 어렵지 않은 일이라는 것을 금세 알 수 있을 것입니다.

듣는 사람이 기막히게 근사하다고 생각할 만한 말은 평소에 미리 생각해 두어야 합니다. 책을 읽거나 TV를 보다가 마음에 드는 말을 메모해 두는 것도 좋은 방법입니다. 멋진 말을 준비했다가 알맞은

때에 사용할 줄 알면 듣는 사람에게 긍정적인 이미지를 심어 줄 수
있습니다.

말하기 짱의 비법 노트

- 입 밖으로 소리 내서 말하는 습관을 길러야 말솜씨가 는다.
- 말솜씨가 아무리 훌륭해도 자세가 엉망이라면 좋은 의미로 해석되기 어렵다.
- 듣는 사람이 기막히게 근사하다고 생각할 만한 말은 평소에 만들어 두어야 나온다.

02
문자로 대화할 때도
지켜야 할 매너가 있다

대화란 말로만 주고받는 것이 아닙니다. 글로도 주고받습니다. 여러분 또래에서는 말보다 글로 나누는 대화가 더 많을 것입니다. 늘 휴대 전화 문자를 사용하니 말입니다. 말로 대화할 때는 상대방의 얼굴 표정이나 몸짓을 볼 수 있어서, 내 말을 잘 이해하는지 아닌지를 살필 수 있고, 이야기를 지루해하는 듯하면 눈치껏 화제를 바꿀 수도 있습니다.

그러나 문자로 대화할 때는 상대의 모습을 볼 수 없기 때문에 기분을 살피기가 어렵습니다. 그런 까닭에 문자로 나누는 대화는 얼굴을 마주보고 나누는 대화보다 더 어렵습니다. 이제부터는 휴대 전화 문자나 이메일 등으로 상대와 대화할 때 반드시 지켜야 할 매너를 알아보도록 하겠습니다.

메시지를 보낼 때는 반드시 이름을 밝혀라

일본의 한 대학에서 자기 이마에 영어 알파벳 E를 쓰게 하는 실험으로 사람의 성격을 진단하는 방법을 개발했습니다. 자기 쪽에서 보는 모습대로, 즉 E를 거꾸로 쓴 사람은 남의 시선을 의식하지 않고 자기 주관을 내세우는 사람이고, 남이 보기 쉽게 E를 쓴 사람은 남을 의식하고 체면을 중시하는 사람이라고 합니다. 재미있는 것은 학생들을 대상으로 한 실험에서 70퍼센트 정도의 사람들이 남이 잘 볼 수 있도록 정상적인 E를 쓰고, 30퍼센트만이 자기만 잘 볼 수 있는 거꾸로 된 E를 썼다고 합니다. 열 명 중에 일곱 명 정도의 사람이 기본적으로 남을 의식할 줄 안다는 것입니다.

그런데 사람들이 휴대 전화 문자나 이메일을 사용할 때는 의외로 상대편의 편의를 신경 쓰지 않는 듯합니다. 메시지를 남길 때 자신의 이름을 생략하는 통에 받는 사람으로 하여금 보낸 사람을 다시 검색하게끔 만들곤 합니다.

받는 사람이 어느 정도 친할 경우, 보내는 사람은 받는 사람이 당연히 자신을 알 것이라고 생각하지만 받는 사람으로서는 이름 없는 메시지만으로 보낸 사람을 알아내기가 쉽지 않습니다. 그럴 때는 이메일 주소록을 검색하거나 전화번호부를 검색해서 메시지를 보낸 사람과 정보가 일치하는 사람을 찾아야 하는데, 너무 번거로운 일입니다. 만약 문자를 받을 사람이 자기보다 윗사람일 경우에는, 이름 없이 메시지를 보내는 것은 더더욱 큰 실례입니다.

메시지를 급히 보내다가 실수로 이름을 빠트렸다면 같은 메시지 내용에 이름을 붙여서 다시 보내는 것이 좋습니다. 학원이나 학교 선생님에게 이메일로 숙제를 제출할 때는 특히 이름을 빠뜨리지 않아야 공들여 한 숙제를 제대로 평가받을 수 있습니다. 보내는 사람은 자신의 것 하나만을 보내지만 받는 사람은 여러 사람 것을 한꺼번에 받아야 하기 때문에 일일이 확인해서 챙길 수가 없는 법입니다. 자기 물건에 이름을 안 붙이면 잃어 버려도 찾기 어려운 것과 마찬가지로 문자로 전달하는 메시지에도 이름을 안 붙이면 분실물 신세가 된다는 것을 늘 기억해야 합니다.

특수 문자를 가려서 사용해라

문자는 기호입니다. 그 기호가 이해하기 어려운 다른 것으로 대체되면 혼란이 일어납니다. 컴퓨터나 휴대 전화에 워낙 익숙한 청소년들은 최신 이모티콘도 낯설지 않겠지만 어른들에게는 특수 문자가 생각보다 훨씬 낯설 수 있습니다. 심지어 'ㅋㅋ'같은 말도 쉽게 받아들이지 못하는 경우가 있습니다.

특수 문자로 생긴 오해 때문에 심한 싸움을 한 아버지와 아들의 얘기를 들은 적이 있습니다. 하루는 아버지가 아들 방에 들어갔다가 아들이 야한 동영상을 보고 있어서 호통을 쳐 주었다고 합니다. 다음 날에 아들은 아버지에게 죄송한 생각이 들어서 문자를 남겼습니다. 그런데 그 문자를 받은 아버지는 더 크게 화가 났습니다. 아들이 보낸 문자는 "아버지 죄송. ㅋㅋ"였습니다. 아들은 문자에 애교를 섞는답시고 'ㅋㅋ'라는 말을 적은 것인데, 아버지는 아들이 큭큭 거리며 자신을 비웃는다고 생각한 것입니다.

저녁에 퇴근해서 집에 돌아 온 아버지는 아들을 만나자 화부터 냈습니다. 아들로서는 죄송한 마음에 문자까지 보냈는데 더 크게 화를 내는 아버지가 야속했습니다. 그래서 아버지에게 대들고 말았습니다. 그러자 아버지는 순간 화가 치밀어 아들의 뺨을 때렸습니다.

아들은 그런 아버지를 이해할 수 없어서 자기 방으로 들어가 문을 닫아걸었습니다.

부주의하게 사용한 문자 하나가 아버지와 아들 사이에 깊은 골을 만든 것입니다. 문자는 서로의 공통적 이해 없이 사용할 경우 잘못 해석될 수 있습니다. 그렇기 때문에 특수 문자를 사용하고 싶을 때 는 상대가 오해할 소지가 없는지 한 번 더 생각해 보고 선택하는 것 이 좋습니다. 만약 오해의 가능성이 있다면 괜히 대화를 망치지 않 도록 특수 문자를 차라리 빼는 것이 낫습니다.

내용을 한눈에 알아볼 수 있도록 적어라

요즘 사람들은 시간에 쫓기다 보니 말이 길면 싫어합니다. 직장에서도 복잡한 일을 단 한 페이지에 줄여 쓴 보고서가 잘 쓴 보고서로 인정받습니다. 취업용 자기 소개서도 한 페이지에 적는 것을 선호합니다. 대학 입학 시험을 위해 작성하는 자기 소개서도 마찬가지입니다. 간결하면서도 알아보기 쉬운 자기 소개서가 더욱 눈길을 사로잡는 법입니다.

문자나 이메일은 물론 보고서를 쓸 때도 요점이 단번에 읽히도록 써야 좋은 평가를 받을 수 있습니다. 휴대 전화 문자는 가급적 한 번의 문자에 하려는 이야기를 모두 담는 것이 좋습니다. 할 말이 길다고 해서 문자를 여러 번 연속으로 남기면 받는 사람은 모든 문자를 확인하느라 불편해집니다. 이메일을 쓸 때도 글이 불필요하게 길어지지 않도록 주의해야 합니다. 인사말은 장황할 필요가 없습니다. 인사말도 길고 본론에서도 용건이 한참 만에 등장한다면 읽는 사람이 짜증이 날 수 있습니다.

상대가 단번에 알아보도록 요점을 정리해서 글을 쓰는 일은 생각보다 어렵습니다. 아무리 간략한 글이 좋다고 하지만, 내용을 지나치게 압축해서 요점을 파악하기 힘들게 해도 안 됩니다. 짧지만 하고자 하는 말이 모두 담겨야 좋은 문장이 됩니다. 하고자 하는 말을 간략하고 조리 있게 적는 훈련을 해 두면 논술에도 큰 도움이 됩니다. 또한 대학생이나 사회인이 되어서 보고서를 쓸 때도 크게 도움이 됩니다. 평소에 휴대 전화 문자를 보내거나 이메일을 보낼 때 수시로 연습을 해 두면 두고두고 그 능력을 유용하게 사용할 수 있을 것입니다.

말하기 짱의 비법 노트

- 이름을 적지 않고 보낸 문자나 이메일은 주인 잃은 분신물 신세가 된다. 혹시 모르고 이름 없이 문자를 보냈다면 같은 내용으로 다시 이름을 달아 보내는 것이 좋다.
- 하고자 하는 말을 간략하고 조리 있게 쓰는 훈련이 논술 실력을 향상시킨다.
- 실수해서 망신도 당해 보고 후회도 해 보아야 발표 기술이 는다.

03
청중을 사로잡는 발표 습관

발표 시간에 자기만 발표를 안 하게 되었다고 좋아한 적 있나요? 하지만 발표할 기회가 없어진 것은 좋아할 일이 아닙니다. 지금 한 번 운 좋게 피했더라도 앞으로의 인생에서 발표를 해야 하는 순간을 아주 많이 만날 것입니다. 대학에 가고 사회에 나가면 사람들 앞에서 발표를 해야 하는 일이 훨씬 더 많아집니다. 아무리 학생 때 공부를 잘했더라도 발표를 할 줄 모르는 사람은 직장에서 인정을 받을 수 없습니다. 따라서 성공하기 위해서는 공부 성적보다 발표 실력이 더 중요합니다.

발표는 많이 해 볼수록 실력이 늡니다. 발표를 하다가 망신도 당해 보고 실수해서 후회도 해 보아야 발표 요령이 생깁니다. 물론 준비 없이 앞에 나가서 대충 발표를 하는 것으로는 실력이 나아지지 않습니다. 발표 방법을 제대로 알아내 거기에 맞춘 경험을 쌓아야 실력이 향상됩니다.

발표의 특징은 앞에서도 말했듯이 말하는 사람은 한 명이고, 듣는 사람은 여러 명이라는 것 입니다. 듣는 사람들은 다들 발표자의 말을 자기 나름대로 해석합니다. 그 여러 명이 발표자의 의도를 오해 없이 정확하게 이해하기란 쉬운 일이 아닙니다. 그러니 발표자는 긴장할 수밖에 없습니다.

그렇다 해도 논리의 틀을 벗어나지 않고 말하면 내 의도 대로 바르게 들을 것입니다. 말도 수학 공식처럼 일정한 형식에 맞추어서 하는 것이 효과적입니다. 그래야 왜곡되지 않고 제대로 전달됩니다. 청중이 발표자의 말을 하나의 의미로 받아들였다면 그것은 성공적인 발표라고 할 수 있습니다.

발표의 형식에 맞춰서 말하면 누구나 성공적으로 발표할 수 있습니다. 수학 공식처럼 쓰이는 논리의 틀을 배우지 않으면 아무리 발표 경험이 많아도 실력이 늘지 않습니다. 그러나 그 논리의 틀을 제대로 배워 응용하면 점차 발표가 쉬워지고 실력도 금세 향상됩니다. 지금부터 훌륭한 발표가 갖추어야 할 논리의 틀을 소개하겠습니다.

전체를 요약하는 말로 발표를 시작하라

말을 쓸데없이 장황하게 하는 친구와 이야기를 나누다 보면 '도대체 쟤가 뭔 말을 하려고 저렇게 빙빙 돌려서 말하지?'라는 생각이 들어 답답합니다. 듣는 사람은 무엇보다 요점을 듣고 싶어 합니다. 불필요한 말까지 듣고 싶어 하는 사람은 없습니다.

발표도 마찬가지입니다. 청중들은 각기 다른 기대를 품고 발표를 기다립니다. 그들의 발표의 요점이 무엇인지 들은 다음 덧붙인 설명으로 이해를 도와야 발표에 성공할 수 있습니다. 첫인사에 너무 많은 시간을 사용하거나 "떨린다.", "자신이 없다." 같은 발표에 집어넣지 말아야 합니다. 그런 말들로 인해 청중들이 발표 내용의 요점을 놓칠 수 있기 때문입니다. 발표자가 떨면서 어색하게 말하는 것을 들으려고 자리에 모인 청중은 없습니다. 청중들은 자신에게 유익한 내용을 듣고 싶어서 모인 것입니다.

자신에게 필요도 없고 재미도 없는 말을 듣고 싶은 사람은 없습니다. 즐거운 이야기, 가슴이 뭉클해지는 이야기, 유익한 이야기를 기대하기 마련입니다. 따라서 발표자는 그렇지 않은 군더더기 말은 덧붙이지 않아야 합니다.

발표가 어색한 사람들은 흔히 "제가 이런 곳에 처음 서다 보니 무척 떨리네요." 같은 말을 발표 중에 하곤 합니다. 하지만 청중은 발표자가 긴장을 하는지 아닌지에 큰 관심이 없습니다. 그런 것에 신경 쓰지 않는 사람들에게 굳이 자기가 떨린다는 것을 광고할 필요는 없습니다. 그런 말은 오히려 실망감을 줄 수 있습니다. 청중들은 발표자가 떨린다고 말하면 동정심이 생기는 것이 아니라 '저 사람이 제대로 말하고 있나?' 하는 의구심을 갖기 마련입니다.

발표에 성공하려면 "안녕하십니까? ○○○입니다. 저는 ○○○에 대해 말씀드리겠습니다."와 같은 분명한 소개와 함께 시작하는 것이 좋습니다. 발표를 시작할 때 어떤 주제에 대해 발표할 것인지를 말하는 것은 대단히 중요합니다. 그 말 한마디가 청중들의 주의를 환기시키는 큰 역할을 합니다.

청중들은 발표 내용이 마음에 들지 않으면 이내 옆 사람과 잡담을 나누게 되어 있습니다. 발표자는 청중들이 산만하면 자신감이 사라져서 해야 할 말을 제대로 못하고 허둥거리게 됩니다. 그렇게 되면 청중은 더욱 실망합니다. 이런 경험을 하게 되면 발표자는 공포를 느끼고 다시는 발표를 하기가 싫어질 수도 있습니다.

그러나 발표는 사회 생활에서 능력을 재는 바로미터이기 때문에 발표가 싫다고 해서 피할 수만은 없습니다. 발표가 요구되는 자리에서, 공포증이 있어서 발표를 못 하겠다고 말하는 것은 자신이 일을 맡아서 할 자격이 없다고 말하는 것과 같은 것입니다. 그런 사람을 인재로 등용하는 직장은 없습니다.

자신감 있게 발표를 이끌어가는 비결은 의외로 간단합니다. 발표를 시작할 때 전체 내용의 핵심을 정리한 멋진 타이틀을 먼저 말하고 곧 이어 간단한 요점을 말하는 것입니다. 그 간략한 한마디가 청중들의 몰입도를 크게 높여 발표를 끝까지 잘 마칠 수 있게 해 줄 것입니다.

발표문을 작성할 때는 먼저 뼈대를 세워라

발표는 말하는 사람과 듣는 사람 모두가 이해할 수 있는 공식을 사용해야 의미가 달라지지 않고 제대로 전해집니다. 발표를 잘하려면 공식을 알아야 합니다. 문장은 주어, 목적어, 서술어의 문법적인 공식에 맞아야 합니다. 그리고 내용은 서론, 본론, 결론 순으로 전개

되어야 알아듣기 쉽습니다.

서론, 본론, 결론의 구조가 바로 내용의 뼈대 중에서 척추에 해당합니다. 발표문을 준비할 때는 먼저 척추를 세워야 합니다. 그리고 척추에서 중간에 해당하는 본론 부분에 세 개 정도의 갈비뼈를 붙입니다. 누구나 믿을 수 있는 근거, 그것이 바로 갈비뼈입니다.

'청소년 건강'이라는 주제로 발표를 한다고 생각하고, 발표문의 내용을 어떻게 전개하면 좋은지 살펴볼까요. 우선 서론을 작성해야 합니다. 서론에서는 발표에 대한 소개를 합니다. 그다음으로 본론을 작성합니다. 본론은 척추 중간에 붙은 세 개의 갈비뼈를 위주로 전개합니다. 척추에 붙일 갈비뼈의 수는 너무 많지 않은 것이 좋습니다. 세 개 미만으로 정하는 것이 적당합니다. 주제가 '청소년 건강'이니 본문의 내용은 '청소년의 운동 부족'으로 정해 봅시다. 운동 부족의 원인은 '야간 자율 학습', '너무 많은 학원 수강', '과다한 과제' 등으로 정할 수 있을 것입니다. 이 세 가지 주제를 본론 부분에 붙일 갈비뼈로 정하도록 합시다.

각각의 갈비뼈에는 그것을 증명하는 근거들을 붙입니다. 예를 들어 '야간 자율 학습'에는 전국 중·고등학교의 야간 자율 학습 실태 자료와 같은 근거를 첨부하고, 야간 자율 학습이 학생들의 생활에 어떤 영향을 주는지를 설명합니다. '너무 많은 학원 수강',

'과다한 과제' 항목에도 근거와 함께 설명을 달면 본론의 전개가 완성됩니다.

　그다음에는 결론을 작성해야 합니다. 결론에서는 본론을 요약하여 정리하면 됩니다. 즉 갈비뼈에 해당하는 세 가지 내용을 요약해 주는 것입니다. 이렇게 공식에 맞게 내용을 전개한다면 어떤 발표에서든 좋은 성과를 얻을 수 있을 것입니다.

시작과 중간과 마지막에 강조점을 두어라

　사람은 생각보다 참을성이 부족합니다. 영화나 노래도 길고 지루하면 견디질 못합니다. 리듬도 없고 볼거리도 없는 발표의 경우에는 더할 것입니다. 그래서 발표 또한 듣는 사람에게 지루함을 주지 않으려면 재미있고 감동적이고 이해가 쉬워야 합니다.

　발표를 하는 사람으로서는 많은 청중이 열심히 발표 내용을 들어주어야 보람이 있습니다. 그러나 청중은 참을성이 없습니다. 그래서 발표자가 '청중이 자기 말에 귀를 기울이게 하는 것은 자기 책임' 이라는 점을 잊어서는 안 됩니다. 발표자는 청중이 처음부터 끝까지 몰입할 수 있도록 준비를 철저히 해야 합니다. 무심히 들어도 내용

발표주제

환경오염

을 이해할 수 있도록 공식 안에서 말해야 합니다.

어떻게 하면 청중이 발표 내내 집중하게 만들 수 있을까요? 발표는 시작 부분이 대단히 중요합니다. 청중들은 발표자가 첫 문장을 말하는 순간, 발표를 귀 기울여 들을지 말지를 판단합니다. 따라서 첫 문장에서 카리스마를 발휘해 청중의 관심을 높이는 것이 중요합니다.

영상 자료를 준비하는 것도 좋은 방법입니다. '청소년 건강'을 주제로 발표하는 경우를 예로 들면, 두통에 시달리는 청소년, 성인병으로 고생하는 청소년, 빈혈에 시달리는 청소년 등의 영상 자료를 보여 주면 청중들의 관심을 보다 높일 수 있을 것입니다. 게다가 청중들은 영상 자료까지 알차게 준비한 발표자를 보다 신뢰하게 될 것입니다.

발표를 시작하면서 카리스마를 발휘해 청중들의 관심을 사로잡은 경우의 예를 들어 볼까요? 어느 강연장에서 한 발표자가 방독면을 쓰고 연단에 등장했습니다. 청중들은 발표자가 영화에서나 보던 방독면을 쓰고 나타나자 무슨 말을 시작할지 무척 궁금해했습니다. 발표자는 말없이 한동안 방독면 쓴 얼굴로 청중을 둘러보았습니다. 그리고 천천히 마스크를 벗더니 "우리가 모두 이런 차림으로 다닌다고 생각해 보세요."라고 첫 마디를 던졌습니다.

그런 다음에 자신이 발표할 내용을 소개했습니다. 그는 환경 오염 문제의 심각성에 대해 발표를 했습니다. 발표자의 첫인상에서부터 강한 인상을 받은 청중들은 발표가 끝날 때까지 눈을 초롱초롱하게 빛내며 열심히 들었습니다. 물론 그의 발표는 대성공을 거두었습니다.

발표의 첫 문장은 발표자의 첫인상을 좌우합니다. 사람은 첫인상에서 호감을 느끼면 상대를 보다 신뢰하게 됩니다. 그렇게 신뢰가 생기면, 발표자의 말솜씨가 조금 서툴더라도 참고 들어 줍니다. 그러나 첫인상이 비호감이면 청중들은 발표에 대한 기대감을 접고 쉽게 딴 생각을 하기 마련입니다. 그만큼 발표의 시작은 발표를 성공시키느냐 마느냐를 크게 좌우합니다.

청중은 마치 어린아이들처럼 발표가 조금만 늘어져도 금세 다른 생각에 마음을 빼앗깁니다. 옆 사람과 잡담을 하거나 잡생각을 합니다. 사람의 뇌는 어른들이 잠시 한눈을 팔면 이내 사고를 치고 마는 어린애와 같은 데가 있습니다. 발표가 잠시만 느슨해져도 청중들은 다른 데 마음을 줍니다.

초반에 강렬한 인상을 주는 것도 중요하지만, 그것 못지않게 발표 중간 중간 청중들이 한눈을 팔지 않도록 이끄는 것도 중요합니다. 청중에게 질문을 던져 대답을 유도하거나 새로운 자료를 제시하면서 발표의 핵심 내용을 각인시키는 요령을 발휘하면 청중들이 발표 내용에 끝까지 몰입할 것입니다.

말하기 짱의 비법 노트

- 발표는 모든 능력을 재는 바로미터이다.
- 발표자가 떨면서 어색하게 말하는 것을 들으려고 모인 청중은 없다.
- 청중이 발표자의 말에 귀를 기울이게 하는 것은 발표자의 책임이다.

04
핵심을 찌르는 질문 요령

잘 모르는 내용을 접했을 때 '언젠가 알게 되겠지.' 라고 생각하는 사람과 사소한 것이라도 반드시 질문을 해서 알고 넘어가는 사람 간의 경쟁력의 차이는 어마어마합니다. 모르는 것을 반드시 확인하는 자세는 성적 향상에 도움이 될 뿐만 아니라 사회 생활을 잘하기 위해서도 꼭 필요합니다.

질문을 하고 싶은데 상대방이 자기를 바보로 생각할까 봐 망설이는 사람들이 많습니다. 그러나 그것처럼 바보짓은 없습니다. 지금 모르는 것을 나중에 알기란 정말로 힘들기 때문입니다.

사람이 일생 동안 배워야 할 것은 너무나 많습니다. 세상은 무서운 속도로 변하고 있기 때문에 새로운 것을 배우는 일만으로도 늘 바쁩니다. 두려워하지 않고 늘 알아내려는 자세를 가져야만 뒤처지지 않을 수 있습니다.

상대가 자신을 바보 취급할까 봐 겁이 나는 것은 질문하는 요령만 알면 해결할 수 있습니다. 지금부터 모르는 것을 알아내기 위해 반드시 익혀야 하는 질문 요령들을 소개하겠습니다.

사족은 빼고 알고자 하는 문제만 물어라

그 누구도 모든 것을 다 알 수는 없습니다. 수도관 고치는 사람은 수도관에 대해서는 알지만 의학에 대해서는 잘 모를 수 있습니다. 변호사는 법은 잘 알지만 예술을 이해 못할 수 있습니다. 교수는 자기 전공 분야는 잘 알지만 전공이 아닌 회사 경영은 잘하지 못할 수 있는 법입니다. 똑같은 선생님에게서 배우고도 음악은 이해를 잘하는데 미술은 이해 못하는 사람이 있고, 국어는 이해를 잘하는데 수학은 기초적인 것도 이해 못하는 학생이 있을 수 있습니다.

따라서 모르는 것에 대해 죄책감을 갖거나 부끄러워할 이유는 없습니다. 중요한 것은 모르는 것이 있다는 사실이 아닙니다. 모르는 것을 알아내려는 열정을 가지고 있느냐가 중요합니다. 이해가 어려운 과목에 대해 '그것 좀 모르면 어때?', '나는 원래 그 과목에는 취미가 없어.'라고 생각하면 그런 열정이 안 생깁니다. 알려는 열정 없이는 모르는 것이 있어도 질문할 용기가 안 생깁니다. 마지못해 하는 질문은 하나 마나한 질문이 되기 쉽습니다.

사람은 자기가 아는 것을 남에게 가르쳐 주는 것을 좋아합니다. 그리고 모르는 것을 알려는 열정이 보이면 더 가르쳐 주고 싶은 법입니다. 따라서 제대로만 질문할 줄 안다면 얼마든지 모르는 것들을 알아낼 수 있습니다.

질문이든 설명이든 말을 장황하게 하면 전달하려는 의미가 희석되어 내용이 잘못 전해지기 쉽습니다. 그런데 질문하는 사람들은 대부분 모르는 것을 묻는 것은 창피한 일이라고 생각합니다. 그래서 질문을 정확하게 하지 못하고 빙빙 돌려서 합니다. 반대로 밑도 끝도 없이 급하게 질문을 해서 궁금해하는 내용이 정확히 전해지지 않는 경우도 많습니다.

컴퓨터 고장에 대해 질문하는 경우를 생각해 봅시다. 다음과 같이 질문한다면 듣는 사람이 어떻게 반응할까요?

"컴퓨터 때문에 속상해 죽겠어요. 심심하면 다운이 되어서요. 며칠 전에는 컴퓨터가 말썽을 부려 숙제도 못 했어요. 선생님에게 된 통 야단을 맞았어요. 그런데 애들이 더블 클릭, 더블 클릭 하는데 그게 뭐죠?"

　이런 질문을 받은 사람은 기가 막힐 것입니다. 질문 내용이 시시 해서가 아니라 질문하고 상관없는 말로 김을 빼서입니다. 결국 궁금한 것은 '더블 클릭'이라는 말의 뜻인데, 그와 전혀 상관이 없는 말까지 장황하게 늘어놓았기 때문에 질문받은 사람은 허탈해지는 것

입니다. 이 질문을 제대로 하려면, 다른 말은 빼고 "사람들이 자주 더블 클릭하라는 말을 하던데 그게 뭔가요?"라고 단도직입적으로 질문하는 것이 좋습니다.

질문은 핵심 사항을 포함하여 간단하게 해야 합니다. 하지만 앞뒤 상황을 설명하지 않은 채 밑도 끝도 없이 질문을 하면 듣는 사람이 대답을 하기가 힘들어집니다. 컴퓨터가 자꾸 먹통이 되는 원인을 문의하는데 "컴퓨터가 안 돼요. 맛이 갔어요. 어떻게 해야 하나요?" 이런 식으로 질문한다면 컴퓨터 도사라도 옳은 대답을 해 주기 어려울 것입니다.

"컴퓨터가 어제 갑자기 멈췄어요. 부팅은 되는데 안전 모드로 변해요. 그런데 들어갈 수 없는 파일이 많아요. 뭐가 문제인지 알려 주세요."

이처럼 컴퓨터가 다운된 과정과 현재 상황을 구체적으로 설명해야 컴퓨터가 무엇 때문에 말썽을 일으키는지 알 수 있을 것입니다.

질문할 때는 알고자 하는 것과 관련 없는 이야기를 덧붙이지 말아야 합니다. 그리고 알고자 하는 문제에 관해서는 상대방이 이해할 수 있을 만큼 충분히 설명해야 합니다.

껄끄러울 말도 공손하게 물어라

질문하는 것과 따지는 것은 엄연히 다릅니다. 그런데 두 가지를 혼동하는 사람들이 아주 많습니다. 질문해야 하는 상황에서 불쑥 따지는 말을 내뱉는 것입니다. 질문하는 것이 쑥스러워서 따지듯 말하는 사람도 있습니다. 하지만 그런 말을 들으며 따지는 것이 아니라 질문하는 것이라고 새겨들을 수 있는 사람은 매우 드뭅니다.

질문은 항상 공손하게 해야 합니다. 따져야 할 만큼 껄끄러운 질문도 공손하게 하면 일이 잘 풀립니다. 공손하게 질문하는 방법을 모르면 질문하다가 면박을 당하기도 합니다. 그런 경험을 하고 나면 질문하기가 껄끄러워지죠. 하지만 질문하는 것 자체가 부담스럽다고 낯선 동네에서 길을 묻는 것조차 하지 못한다면 고생만 하게 됩니다. 낯선 사람도 길을 물으면 대개 친절히 일러줍니다. 그런데도 혼자 길을 알아내려고 끙끙대며 고생할 필요가 있을까요? 그런 식으로 없어지는 시간과 노력이 얼마나 아깝습니까. 질문하는 것 자체가 두려워 길을 묻지 않고 헤매는 사람은 나중에 사회에 나가서도 성공하기 힘듭니다. 질문하는 것이 자존심 상하는 일이라고 믿는 편협한 사고가 자리 잡으면 사회성이 나빠져서 원만한 사회 생활을 하기가 힘들기 때문입니다.

껄끄러울 수 있는 질문이라도 공손하게 물으면 싫어할 사람이 없습니다. 특별히 까다로운 사람이 아닌 한 잘 이해가 되도록 충분히 대답해 줄 것입니다.

전혀 안면이 없는 사람에게 질문을 해야 하는 일도 많습니다. 새로 산 기계가 고장이 나서 문의를 해야 하는 경우도 그렇습니다. 구입한 회사에 연락해서 해결책을 찾을 때도 공손하게 질문하는 것이 현명합니다. 화가 난다고 해서 거친 말로 횡설수설 질문하면 자기만 손해를 볼 것입니다. 질문에 대답하는 담당자도 사람입니다. 질문이 무례하고 알아듣기 어려우면 성의 있게 답변할 마음이 안 생길 것입니다. 그런 식으로 질문과 대답을 주고받다 보면 감정과 시간이 낭비되고 기분은 상할 대로 상할 것입니다.

말하기 능력은 일상생활 속에서 반복 연습해야 길러집니다. 질문 능력도 마찬가지입니다. 누군가에게 질문할 일이 있을 때 이러한 것들만 지켜서 해도 점차 질문 요령이 늘 것입니다.

사소한 것도 질문을 통해 의견을 구하라

상대의 의견을 구해야 할 일인데도 자기 혼자만의 판단에 따라 결정하고 행동하면 상대방은 무시당했다고 느낄 것입니다. 사소한 일이라도 마찬가지입니다. 나는 사소하다고 생각했는데 상대의 입장에서는 중요한 일일 수 있습니다. 사소한 것도 질문을 해서 의견을 구한 다음에 결정하는 것이 호감을 얻는 비결입니다.

부모님이 사전에 묻지도 않고 불쑥 "이번 연휴에는 산에 가기로 했다."라고 통보하면 어떨까요? 볼멘소리가 저절로 나올 것입니다. 내 계획이 무엇인지 묻지도 않고 마음대로 결정해 버리면 어떻게 하냐며 따지고 싶을 것입니다. 같이 영화를 보기로 한 친구가 사전에 상의도 없이, 볼 영화와 시간을 자기 마음대로 결정하고 예매까지 마친 다음에 일방적으로 통보를 하면 역시 화가 날 것입니다. 사소한 일이라도 미리 상대의 의견을 구한다면 이런 일로 얼굴 붉힐 필요가 없을 것입니다.

공공장소에서 누군가의 앞을 지나갈 때에도, 앞으로 좀 건너가도 되느냐고 묻는 것이 좋습니다. 버스에서 창문을 열 때도 주위 사람에게 창문 열어도 괜찮을지 물어보는 것이 좋습니다. 사소하다고 생각되는 일이라도 가급적 상대방의 의사를 묻고 행동하는 것이 기본적인 매너입니다.

작은 일이라도 의견을 구하고 나서 행동하면 자기도 모르게 인기가 높아질 것입니다. 자기 의견을 존중해 주는 사람을 싫어하는 사람은 없기 때문입니다. 평소에 늘 상대의 의견을 구하는 습관을 지니면 요령 있게 질문하는 능력도 자연스럽게 향상됩니다.

말하기 짱의 비법 노트

- 답을 모른다는 것은 부끄러운 일이 아니다. 답을 알려는 열정이 없는 것이 부끄러운 일이다.
- 껄끄러울 수 있는 질문도 공손하게 물으면 원하는 답변을 얻을 수 있다.
- 작은 일도 의견을 구한 후 행동하면 상대방을 존중하는 것이 된다.

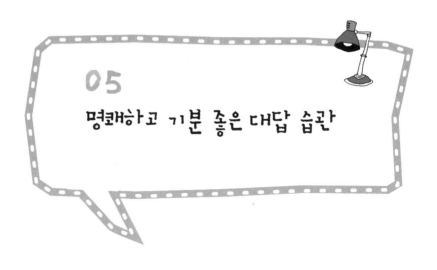

05
명쾌하고 기분 좋은 대답 습관

뜸들이지 말고 즉각 대답하라

질문을 받은 다음에는 모르면 모른다고, 알면 안다고 즉각 대답하는 것이 대화의 기본 예의입니다. 질문을 듣고도 대답을 미루면 상대는 대답을 얻지 못해 답답하기도 하고, 존중받지 못한다는 생각이 늘어 기분이 상할 수도 있습니다.

뭔가 다급하게 해결해야 할 문제가 있어서 질문을 했는데 곧바로 대답해 주지 않으면 질문한 사람은 초조해집니다. 지금의 문제를 해결하지 못해서 다른 일을 시작할 수 없어 피해가 커집니다. 그럴 상황인데 상대가 대답을 계속 미루면 화가 날 것입니다. 차라리 모른다, 답을 주기 힘들다고 대답해야 질문한 사람이 다른 사람을 찾아갈 수가 있습니다. 그런 대답이라도 해 주지 않으면 긍정적인 답변을 기대하며 안절부절하게 됩니다. 그래서 어떤 질문이든 자신이 할 수 있는 대답을 즉각 해 주어야 합니다.

꼭 질문이 아니더라도 상대가 말을 걸 때는 바로 반응을 하는 것

이 좋습니다. 어머니가 "숙제 먼저 하고 TV 봐."라고 말씀하시는데 들은 척도 하지 않고 TV만 본다면 어머니는 자식이 자기 말을 우습게 여긴다고 생각할 것입니다. 그런 간단한 말에도 "지금 이 프로그램 끝나면 숙제할 테니 좀 봐 주세요."라는 식으로 즉각 대답을 하는 것이 좋습니다. 대답을 하지 않고 속으로만 생각하고 있으면 상대방은 그 생각을 알 수 없습니다. 그래서 자기 말을 무시한다고 생각해서 화를 내는 것입니다.

질문에 대답을 잘해 주어야 대화를 잘하는 사람으로 인정받을 수 있습니다. 말 잘하는 사람으로 보이려면 가장 우선적으로 지켜야 할 것이 어떤 질문이든 뜸들이지 말고 즉각 대답하는 것입니다.

친구가 농담을 건넸는데 아무 대꾸를 안 한다면 친구 얼굴에서 웃음이 사라지고 마음이 싸늘해질 것입니다. 곧바로 대답하기 곤란한 질문을 받았다면 대답을 미룰 것이 아니라 "지금 대답하기가 어렵습니다. 시간을 좀 주십시오."라는 식의 대답이라도 해 주어야 서로 오해를 하지 않을 수 있습니다. 그래야 상대를 존중하는 태도를 가진 사람으로 인정받을 수 있는 것입니다.

"예.", "아니요."를 말하고 나서 상황을 설명하라

대답을 할 때는 "예.", "아니요."를 말한 뒤에 상황을 설명하는 것이 좋습니다. 사정이 있어서 늦게 귀가를 했는데, 내내 걱정을 하고 계시던 부모님이 "왜 이렇게 늦어. 또 그렇게 늦게 다닐래?"라고 다그치신다고 생각해 봅시다.

그럴 때 부모님에게 늦게 귀가한 이유를 장황하게 설명하기 전에 "아니요."라는 대답을 먼저 드리는 것이 부모님의 화를 누그러뜨리는 방법입니다.

부탁을 거절해야 할 때도 "아니요."라고 거절의 의사를 전하고 나서 이유를 설명해야 합니다. 그래야 핑계만 댄다는 오해를 받지 않고 나의 의견을 분명히 전할 수 있습니다.

06
잘 듣고 잘 대응하는 토론 방법

토론이란 서로 다른 견해를 가진 사람들이 만나 상대편이 내 의견에 동의하게 만드는 과정을 말합니다. 토론의 목표는 상대방이 자신의 의견대신 내 의견을 좇도록 하는 것입니다. 그래서 상대방이 내 의견의 본뜻을 제대로 모르고 느낌으로만 반대한다면, 내 의견의 본뜻을 정확히 이해시켜야 합니다. 상대가 나와 완전히 다른 견해를 가시고 있다면 견해가 일치되게 만들어야 합니다.

  토론 상대는 발표나 대화의 상대와는 다릅니다. 나의 견해와 다른, 자신만의 견해가 있는 상대입니다. 또한 자기 의견을 내게 설득시키려는 목적을 가진 상대입니다. 이런 상대방을 설득하는 것이 토론인 셈입니다.

토론은 만만치 않습니다. 그러나 어려운 토론을 많이 겪어 보면 표현력이 월등하게 길러지고 사고력도 향상됩니다. 자기 생각을 논리적으로 말하는 능력이 길러지고 반대하는 사람을 이해하는 포용력도 생깁니다. 지식과 정보 이외에도 부수적으로 얻을 수 있는 것이 많습니다. 그래서 토론 수업이 중요한 것입니다.

토론이 어렵기만 한 것은 아닙니다. 토론을 통해 의견을 조율하는 것이 습관처럼 몸에 밴다면 토론은 특별히 까다로운 일이 아니라 효과적인 대화의 방법 중 하나일 뿐이라고 여길 수 있습니다. 토론을 통해 의견을 나누는 것이 보편적인 문화로 자리 잡고 있는 미국에서는 아이들도 일상생활 중에 자주 토론을 벌입니다.

예전에 미국 아이들의 일상을 가까이서 접한 적이 있었는데, 자기가 느끼는 모든 감정과 생각을 토론 주제로 삼는 모습을 보고 놀란 적이 있었습니다. '방과 후 수업', 'ㅇㅇ선생님이 학생을 대하는 태도', '새로 발표된 노래나 영화에 대한 감상'과 같은 일상적인 소재들이 모두 토론의 주제가 되었습니다.

그들은 가정에서도 토론을 벌이는 경우가 비일비재했습니다. 주말이니 소풍을 가자고 하는 어머니와 집에 쉬고 싶다는 아들이 서로 토론을 벌였습니다. 이와 같이 서로의 의견을 토론을 통해 조율하다 보니 부모가 자식들에게 일방적으로 자기 생각을 강요하는 일도 적어지고, 자식들이 부모가 지시하는 일에 무조건 불평하는 일도 적어지는 것을 보았습니다. 선생님과 학생 간 그리고 친구 간에도 마찬가지였습니다. 토론을 유익한 대화를 나누기 위한 하나의 방법으로 활용하고 있는 것입니다.

그렇다면 잘 듣고 잘 대응하는 토론 요령은 무엇일까요? 그런데 요령을 알기 전에 토론이 무엇이며, 토론이 어떻게 진행되는지를 명확히 이해할 필요가 있습니다. 토론의 성격을 확실히 이해한다면 토론 요령을 습득하고 토론 실력을 향상시키기가 훨씬 수월해질 것입니다.

정해진 시간 내에 상대를 설득하는 토론

토론이 발표나 대화와 다른 점은, 무엇보다도 정해진 시간 안에 상대를 설득해야 한다는 점입니다. 따라서 보다 철저하게 할 말을 준비해야 합니다. 토론은 다른 말하기에서보다 수준이 높은 말하기 능력을 요구한다고 할 수 있습니다. 토론을 잘하기 위해서는 우선 토론이 진행되는 과정을 분명히 이해해야 합니다. 그래서 토론이 진행되는 과정을 되짚어보는 것이 필요합니다.

토론을 하려면 반드시 명확한 토론 주제가 있어야 합니다. 토론의 주제는 누구나 관심이 있으며, 찬반이 분명하게 갈리는 쟁점으로 정하는 것이 적당합니다.

토론은 항상 찬성자와 반대자 양측이 상대편을 자기편으로 끌어오기 위해 서로의 논리를 펼치는 방식으로 진행됩니다. 양측에는 똑같은 발언 시간이 주어집니다. 대개 첫 발언 시간에는 양측이 주제에 대한 자신들의 입장을 밝힙니다. 보통의 경우, 토론 주제에 찬성하는 측이 먼저 발언합니다.

서로의 입장을 분명히 청취한 다음에는 본격적으로 양측이 자신의 근거를 활용해 상대편의 주장에 대한 반박을 시작합니다. 공평하게 주어진 시간 안에 번갈아 가며 반박하고 옹호하는 발언을 되풀이합니다.

토론은 양측 의견이 팽팽히 갈라져 있는 만큼 진행자가 대단히 중요합니다. 진행자는 절대적으로 중립을 지켜야 합니다. 진행자가 슬쩍 어느 한 편을 거들면 토론의 균형이 무너져 하나 마나한 결과를 가져옵니다.

토론이 이렇게 진행된다는 것을 확실히 이해하고 있으면, 토론에서 보다 치밀하게 자신의 의견을 전개할 수 있습니다. 그럼 이제부터는 토론을 할 때 꼭 알아야 하는 요령들을 살펴봅시다.

인격 모독적인 말은 하지 마라

토론을 할 때 서로 자기 의견을 굽히지 않으려고 우기다가 보면 자기도 모르게 주제와 상관없는 인격 모독적인 발언을 하기가 쉽습니다. 이것은 토론을 망치는 주범입니다. 사람은 말에 상처를 입으면 마음이 닫히면서 점차 갈등이 커집니다.

치열한 토론일수록 상대를 설득하기 위한 말이 과격해집니다. 그러나 어떤 경우에라도 상대의 인격을 공격하는 말은 절대로 하지 말아야 합니다. 상대방의 말이 황당하게 들려도 가급적 "어이가 없네요.", "그게 말이 됩니까?" 같은 사적 감정을 드러내는 발언은 삼가야 합니다.

사람의 감정은 한번 안 좋은 쪽으로 기울면 잘 회복되지 않습니다. 나중에는 서로에게 치유할 수 없는 상처를 주고 맙니다. 상대방의 감정을 건드리는 말은 더 심한 공격으로 돌아옵니다. 그렇게 심한 말이 오가다 보면 토론은 주제에서 벗어나고 상대방을 설득시킨

다는 본래의 목적은 사라지며 갈등만 커집니다.

반론을 펼 때는 증거를 제시하라

상대방의 강한 의견을 꺾기 위해서는 상대의 주장이 틀렸다는 확실한 증거를 제시해야 합니다. 증거가 확실하면 상대방은 더 이상 자기 의견만 고집하기 힘듭니다.

토론을 잘하려면 무엇보다 자료 조사를 철저히 해야 합니다. 상대방의 의견보다 내 의견이 옳다는 것을 증명하기 위해서는 특히 증거 수집을 많이 해야 합니다. 그리고 확실한 증거를 많이 모으기 위해서는 무엇보다 토론 주제에 대한 이해가 분명해야 합니다. 주제에 대한 자신의 입장 정리도 확실해야 합니다. 그래서 토론을 성공적으로 하기 위해 노력하는 동안 사고력이 깊어지고 논리력이 강해지는 것입니다.

말하기 짱의 비법 노트

- 어떤 질문이든 대답은 즉각 해야 한다.
- 대답을 할 때는 "예.", "아니요."를 말한 뒤에 상황을 설명하라.
- 토론은 특별히 까다로운 대화가 아니라 효과적인 대화의 방법 중 하나일 뿐이다.

말하기는 세계적인 인재로
우뚝 서게 하는 열쇠입니다

아무리 좋은 책이라도 읽기만 하고 실행하지 않으면 무용지물입니다. 아무리 시시한 책이라도 그 내용 중에서 한 가지라도 자기 것으로 소화하여 실행한다면 훌륭한 책이 됩니다. 말하기는 수영, 태권도, 피아노처럼 훈련을 통해 요령이 몸에 배야만 실전에서 활용할 수 있기 때문에 반드시 요령을 알고 난 후의 훈련이 필요합니다.

이 책을 통해 자신의 말하기가 지닌 문제점을 발견해 해결하고 실력을 향상시킬 비법을 찾았다면 지금부터는 그것을 일상에서 늘 활용하는 노력을 해야 합니다. 그렇게 하면 발표, 토론, 구술 면접 시험 등에서 좋은 성과를 얻는 것은 물론이고 친구들과의 관계, 부모님, 선생님과의 관계도 지금보다 훨씬 좋아지는 것을 느끼게 될 것입니다.

지금은 말하기 능력이 개인의 능력을 재는 바로미터인 시대입니다. 그리고 앞으로는 더더욱 말하기 능력을 통해 사람의 여러 능력들을 판단하게 될 것입니다. 이미 대학 입학 시험이나 취업 시험에서 면접과 프레젠테이션 성적의 비중이 높아지고 있는 것이 그 증거입니다. 또한 시험을 통과한 후에도 말을 통해서 자신의 실력을 보여야 할 일이 정말로 많습니다.

이 책을 읽은 청소년들이 학교 성적보다 말하기 실력이 더 중요해지는 시대의 흐름을 읽고, 이 책이 알려 주는 방법을 통해 자신의 꿈을 이루는 데 조금이나마 도움을 얻는다면 이 책은 제 사명을 다하는 것이라고 생각합니다.

오래전부터 말하기 교육을 과학적이고 체계적으로 실시한 서양과 달리, 우리의 말하기 교육은 전문적이지 않았습니다. 우리는 지금부터라도 말하기를 제대로 익혀 경쟁력을 향상시켜야 진정한 글로벌 시대가 요구하는 인재로 성장할 수 있습니다. 이 책이 그 서막을 여는 출발선이 되기를 기원하며, 더 많은 청소년들이 말하기 실력의 중요성을 인지하고 말하기 실력 기르기에 동참해서 가슴속의 큰 꿈을 실현시키는 큰 인재로 성장하기를 기원합니다.

공부 잘하는 10대보다
말 잘하는 10대가 성공한다!

펴낸날	초판 1쇄 2009년 11월 25일
	개정판 1쇄 2010년 6월 4일
	개정판 6쇄 2014년 9월 24일

지은이　이정숙
펴낸이　심만수
펴낸곳　(주)살림출판사
출판등록　1989년 11월 1일 제9-210호

주소　경기도 파주시 광인사길 30
전화　031-955-1350　팩스　031-955-1356
홈페이지　http://www.sallimbooks.com
이메일　book@sallimbooks.com

ISBN　978-89-522-1441-6　03320